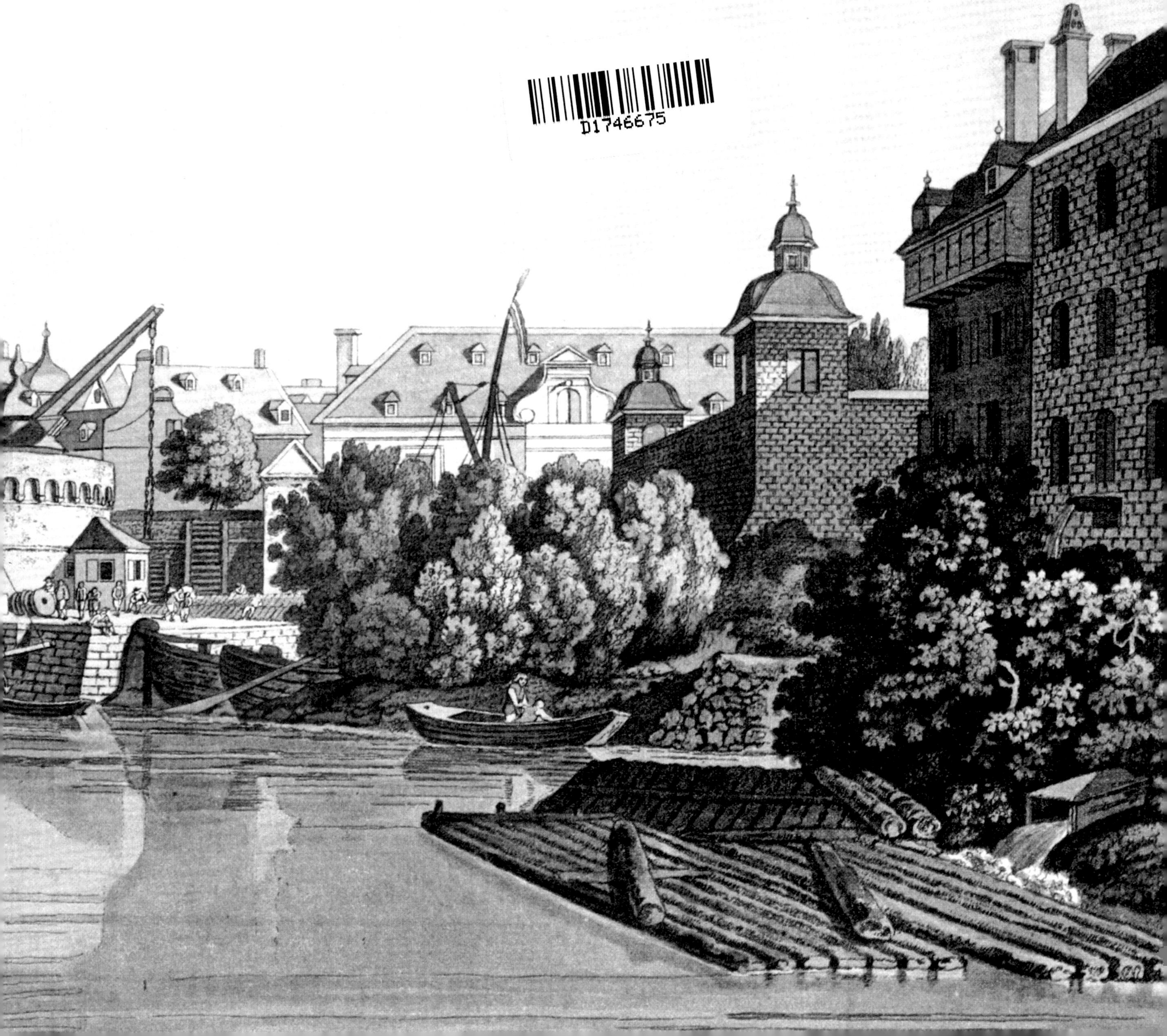

DÜSSELDORF
DIE RHEINISCHE METROPOLE

STERN-VERLAG DÜSSELDORF

DÜSSELDORF
DIE RHEINISCHE METROPOLE

Grußwort

Ein Bildband ganz eigener Art und Form. Blitzgewitterschnell leuchtet ein Feuerwerk bunter Schlaglichter die Stadt aus, in die sich der Leser alsbald verlieben wird, so er nicht längst aus eigener Anschauung zu ihren vielen Verehrern gehört.

Wer verweilt und näher hinschaut, entdeckt im Großen und Kleinen die lebendige Schönheit dieser weltoffenen Metropole am Rhein. Die prosperierende Landeshauptstadt präsentiert sich als Stadt der Künste, der Mode, der Wirtschaft und der Lebensfreude.

Nüchtern trocken verzeichnen Städterankings seit Jahren Düsseldorfs führende Position im nationalen und internationalen Vergleich. Wer die Stadt erlebt, sei es als Gast oder Besucher einer der internationalen Großmessen, wird nicht zögern, dem beizustimmen, was längst in aller Munde ist: In Düsseldorf lebt man dynamisch liebenswert! Doch sehen Sie selbst, denn immer noch sagen Bilder mehr als alle Worte.

Dirk Elbers
Oberbürgermeister der Landeshauptstadt Düsseldorf

Fotos von Holger Klaes
Texte von Sabine und Andreas Schroyen

Jede Stadt hat ihr Image. Es haftet an ihrem Namen, bestimmt Entwicklung oder Stillstand, Lebensqualität und Ausstrahlung. Düsseldorf besitzt in dieser Hinsicht eine ganze Fülle strahlender Facetten.

Wie kaum eine zweite Stadt in Deutschland wird die Landeshauptstadt Nordrhein-Westfalens von diesem Spektrum umgeben, das sie weit über Grenzen hinaus bekannt gemacht hat. Dazu zählt in erster Linie die Mode. Düsseldorf, als die bedeutendste deutsche Modestadt, präsentiert die neuesten Kollektionen internationaler Couturiers nicht nur auf mehreren Messen und in unzähligen Modeateliers, sondern trägt sie täglich auf einem der prominentesten Boulevards Europas zur Schau: der Königsallee. Liebevoll nur „Kö" genannt, ist diese lediglich einen Kilometer lange Allee Einkaufsstraße für höchste Ansprüche, Sitz internationaler Firmen sowie Flaniermeile für Stars, Sternchen und Luxuskarossen.

Dieses denkmalgeschützte Wahrzeichen Düsseldorfs wird aber auch als Veranstaltungsort für vielfältige Events genutzt und verdeutlicht so immer wieder aufs Neue die hohe Lebensqualität der Landeshauptstadt.

Ideenreichtum ist überhaupt eine der herausragendsten Eigenschaften der Düsseldorfer. Nicht ohne Grund haben hier neben den Modemachern auch andere „Kreative" wie Werbefachleute, Unternehmensberater, Künstler, ihren festen beruflichen Standort gefunden.

In den Vorstandsetagen vieler Großunternehmen, die ihre Verwaltungszentren in Düsseldorf errichtet haben, wurden die Weichen gestellt, dass sich mit der Stadt auch die gesamte Region zu einer der kaufkräftigsten und innovativsten in ganz Europa entwickeln konnte.

Dieses Potential machen sich gern auch ausländische Wirtschaftsunternehmen zunutze, so dass Düsseldorf heute auf über 5.000 Niederlassungen ausländischer Firmen verweisen kann. So beherbergt die Stadt Düsseldorf mittlerweile die größte japanische „Kolonie" Europas. Wie wohl sich die Gäste aus dem Land der aufgehenden Sonne fühlen, erkennt man nicht nur an den ca. 450 ansässigen japanischen Firmen in Düsseldorf. In den letzten Jahrzehnten entstanden die vielfältigsten sozialen und kulturellen Einrichtungen, die die asiatischen Gäste ihre Lebensgewohnheiten hier, mitten in Europa, wiederfinden lassen. Und dafür wird den Düsseldorfern in stilvoller und überaus charmanter Art einmal im Jahr gedankt. Anlässlich des traditionellen Japan-Tages beschenkt die japanische Gemeinde die Stadt mit einem spektakulären Feuerwerk, das von eigens eingeflogenen Pyrotechnikern über dem Rhein ausgerichtet wird. Fast eine Million Besucher aus ganz Nordrhein-Westfalen strömen alljährlich im Sommer zu diesem beeindruckenden Kultur- und Begegnungsfest und erleben dabei das größte japanische Bilder-Feuerwerk außerhalb Japans.

Aber auch andere aufstrebende Wirtschaftsnationen des Nahen und Fernen Ostens, wie China, Taiwan und Korea, wählen zunehmend Düsseldorf als Standort für ihre deutschen Firmenniederlassungen, Kulturinstitute und Interessenverbände.

Doch was wären hervorragende wirtschaftliche Bedingungen und urbane Attraktivität ohne die Möglichkeiten, neue Energien zu tanken und Körper und Geist zu erfrischen?

Düsseldorfs Lage im Niederrheinischen Tiefland bietet klimatisch und landschaftlich alle Grundvoraussetzungen für erholsame Stunden. Im Gegensatz zu den immer um einige Grade kühleren umliegenden Regionen wie dem Bergischen Land, ist die Landeshauptstadt von milden Wintern und warmen Sommern geprägt, die herrlich in den zahlreichen Parkanlagen und am Rhein verbracht werden können.

Und damit wären wir auch schon bei einer der großartigsten natürlichen Attraktionen Düsseldorfs: dem „Alten Vater Rhein". In imposanter Breite aus der Kölner Bucht kommend, strömt er in zahlreichen Windungen durch das Stadtgebiet und die weiten, offenen

Landschaften der Niederrheinischen Tiefebene. Auf beiden Ufern bieten sich den Düsseldorfern und ihren Gästen reizvolle Möglichkeiten für vielfältige Freizeitaktivitäten in unmittelbarer Nähe zur City.

Da eine Rheinseite in tiefer Erstreckung weitgehend naturnah belassen ist, kann sich der Fluss seinen Raum für das jährliche Hochwasser nehmen, ohne Stadt und Menschen Schaden zuzufügen. Gleichzeitig hat der Düsseldorfer dadurch eine Wiesen- und Auenlandschaft, sogar mit kleinen Strandabschnitten, nahe dem Stadtzentrum.

Bis 1993 war der Spaziergänger auf der Altstadtseite durch eine vielbefahrene Rheinuferstraße vom Strom getrennt. Durch ihre unterirdische Verlegung entstand auf dem Tunneldach eine attraktive Grünfläche, die nun den ungehinderten Zugang zum Fluss ermöglicht und sich zu einem der beliebtesten Treffpunkte der Stadt entwickelt hat. Eine derartige urbane Situation sucht in Deutschland ihresgleichen.
Doch damit nicht genug: Düsseldorf wird von Kulturlandschaften umgeben, die jede für sich ein großes Maß an Erlebnis- und Erholungsmöglichkeiten bereithalten.

Im Nordosten das Münsterland, im Osten das Bergische Land, im Süden der Köln/Bonner Raum und im Nordwesten die Auenlandschaften der Niederrheinischen Tiefebene.
Nach Belgien und in die Niederlande gelangt man durch die nahe Grenzlage bereits in 45 Minuten und steht nach zwei Autostunden an der Nordseeküste.

All diese Faktoren und noch viele mehr bestimmen heute die Lebensqualität von rund 588.000 Menschen, die nach einer jüngsten Studie hier sehr gerne leben und ihre Stadt als international, gastfreundlich und lebensfroh bezeichnen.

Der Hauptstadt des bevölkerungsreichsten Bundeslandes gelang in den letzten Jahrzehnten der Sprung zur Dienstleistungsmetropole Nummer 1 der Bundesrepublik. Hier werden Güter und Dienstleistungen – 86 % der Erwerbstätigen sind im Dienstleistungssektor tätig – im Gesamtwert von über 36 Milliarden EUR erwirtschaftet. Auf die Anzahl der Einwohner umgerechnet, wird diese Wirtschaftsleistung nur noch von Frankfurt a. M. übertroffen.

Dabei profitiert die Wirtschaft selbstverständlich von den hervorragenden Verkehrsverbindungen, zu denen auch der drittgrößte Flughafen der Bundesrepublik beiträgt. Diese optimale Anbindung an die europäischen Märkte ist zudem ein Grund dafür, dass Düsseldorf sich neben Frankfurt a. M. zu einer der bedeutendsten Banken- und Börsenstädte entwickeln konnte.
Daneben zählt die Düsseldorfer Messe zu den umsatzstärksten in Deutschland. Auch dies ist – neben einem rührigen Management – der zentralen innereuropäischen Lage zu verdanken. Im Umkreis von nur 500 Kilometern leben fast 35 Prozent der EU-Bürger.

Ein kleines Dorf an der Mündung der Düssel steht am Anfang der Stadtgeschichte. Dieses ca. 40 km lange Flüsschen entspringt im benachbarten Wülfrath, durchfließt mehrere Ortschaften, bis es über das Neandertal die heutige Landeshauptstadt erreicht und hier eher unspektakulär im Rhein endet.

Um 1135 wird „Dusseldorp" erstmals erwähnt, nachdem bereits zuvor die heutigen Stadtteile Kaiserswerth und Bilk ab 799 in schriftlichen Quellen aus dem Dunkel der Geschichte auftauchen.

Der erste große Entwicklungsschub für die kleine Siedlung erfolgte 1288, nachdem Graf Adolf V. von Berg in der berühmten Schlacht bei Worringen die niederrheinische Vorherrschaft des Kölner Erzbischofs Siegfried von Westerburg brechen konnte. Graf Adolf verlieh nur fünf Wochen später, am 14. August 1288, seinem rechtsrheinischen Stützpunkt Düsseldorf die Stadtrechte und legte somit den Keim für eine unabhängige städtisch-bürgerliche Entwicklung.

Bis zum Ende des 14. Jahrhunderts war Düsseldorf jedoch kaum mehr als ein umwalltes Dorf, dessen Prosperität durch die wirtschaftliche Macht der umliegenden Ortschaften wie Köln, Neuss und Duisburg stark behindert wurde. 1384 erfolgte die erste große Eingemeindung umliegender Dörfer und daraufhin die Errichtung eines geschlossenen Mauerrings, was den Stadtcharakter nun auch optisch verdeutlichte.

Dennoch blieb Düsseldorf auch in der Folgezeit nur eine kleine Ortschaft. Dies änderte sich erst 1521, als die Herzogtümer Jülich, Kleve, Mark und Berg vereinigt wurden und die damit verbundene Errichtung einer herzoglichen Residenz in Düsseldorf einen weiteren Entwicklungsschub auslöste. Mit einem Schlag wurde die Stadt zu einem der Verwaltungszentren des größten Territoriums am Niederrhein.

Auch in kultureller Hinsicht bedeutete dieses Datum eine Wende. Das höfische Leben zog all jene intellektuellen Kreise an, die seit jeher fester Bestandteil eines herrschaftlichen Kosmos waren – neben Hofbeamten auch Künstler und Gelehrte – und Düsseldorf eine anhaltende kulturelle Präsenz verliehen.

Unter der Regierung Wilhelm V. erfolgte die Umgestaltung der am Rheinufer gelegenen Burg in ein Renaissance-Schloss und der Ausbau der Stadtbefestigung, der von allen nachfolgenden Regenten kontinuierlich fortgesetzt wurde. Bis zur Mitte des 17. Jahrhunderts war das Düsseldorfer Schloss mit seiner prunkvollen Hofhaltung zu einer Residenz europäischen Formates aufgestiegen, obwohl die Stadt lediglich ca. 4.000 Einwohner zählte.

1697 trat dann mit Kurfürst Johann Wilhelm von der Pfalz – die territorialen Besitzverhältnisse hatten sich am Niederrhein zu Beginn des Jahrhunderts grundlegend geändert – der für Düsseldorf wohl bedeutendste Regent seine Regierungszeit an. „Jan Wellem", wie er in rheinischer Mundart genannt wird, hatte auf seiner „Kavaliersreise" alle bedeutenden europäischen Residenzen kennen gelernt, wurde sogar vom Sonnenkönig Ludwig XIV. in Privataudienz empfangen und versuchte nun, aus seiner Geburtsstadt einen wirklich bedeutenden Fürstensitz zu machen.

Seine beiden Ehen mit Erzherzogin Maria Anna Josepha, Tochter des deutschen Kaisers Ferdinand III., und mit Großherzogin Anna Maria Luisa von Toskana aus dem Hause Medici unterstrichen diesen Anspruch.

Um einer angemessenen Hofhaltung zu genügen, wurde im Laufe der nächsten Jahre der Hofstaat erweitert und mit ihm die Zahl der Künstler und Kunsthandwerker. Viele von ihnen, wie der Bildhauer Gabriel de Grupello, wurden dafür eigens nach Düsseldorf berufen.

Im Zuge der Umsetzung großer Bauvorhaben verbesserte sich auch die Infrastruktur der Stadt in vielerlei Hinsicht. Ein Fährverkehr verband jetzt dauerhaft beide Rheinufer miteinander.

Von der Neuordnung des Zunftwesens profitierten auch die italienischen Kaufleute, die Anna Maria nach Düsseldorf gefolgt waren. Eines der bedeutendsten Bauvorhaben jener Zeit war die Errichtung einer Gemäldegalerie ab 1710, die die bedeutende Kunstsammlung Jan Wellems – darunter Gemälde von Dürer, Rubens und Rembrandt – beherbergte. Diese erlesene Kollektion stellte in den kommenden Jahrzehnten die größte Attraktion Düsseldorfs dar; die herausragende „Himmelfahrt Mariae" von Peter Paul Rubens lässt sich auch heute noch im museum kunst palast bewundern, während der größte Teil der Düsseldorfer Sammlung sich leider seit langem in der Alten Pinakothek in München befindet.

1716 starb der Kurfürst, unter dessen Herrschaft die Stadt eine Prosperität in vorher ungekanntem Ausmaß erlebte, leider kinderlos. Seine Frau ging zurück nach Italien und hinterließ eine Residenz, die erst zu Beginn des 19. Jahrhunderts wieder eine kontinuierliche Hofhaltung erleben sollte.

Nachfolgende Landesfürsten bevorzugten nunmehr Mannheim als Residenzstadt, das mit einem der größten deutschen Schlossbauten Düsseldorf an Prestige übertrumpfte. Dennoch sahen alle späteren Regierenden das Potential, welches die Stadt am Rhein in sich trug, und förderten weiterhin ihre wirtschaftliche Entwicklung und den stetigen Ausbau.

Trotz des Siebenjährigen Krieges und der Besetzung durch Frankreich wuchs Düsseldorf im 18. Jahrhundert unter Kurfürst Carl Theodor weiter. Es entstanden die Schlösser Benrath und Jägerhof sowie – durch die Niederlegung von Befestigungsanlagen – weiträumige neue Stadtteile.

Einen Anziehungspunkt für die geistigen Eliten dieser Zeit bildete gegen Ende des 18. Jahrhunderts der Wohnsitz der Familie Jacobi, die in ihrem Haus vor den Stadttoren u. a. Johann Wolfgang von Goethe zu ihren Gästen zählte.

Von herausragender städtebaulicher Bedeutung war die Anlage des „Alten Hofgartens", der nicht als ein dem Adel vorbehaltener Schlossgarten, sondern „zur Lust der Einwohnerschaft" als erster „Volkspark" Deutschlands konzipiert wurde und Düsseldorfs Ruf als Gartenstadt begründete.

Die komplette Niederlegung der Befestigungsanlagen ermöglichte ab 1801 die Entstehung weiterer öffentlicher Anlagen und Gärten. Eine breite Allee – die heutige Königsallee – bildete den östlichen Stadtabschluss. Als weitere Prachtstraße wurde die jetzige Heinrich-Heine-Allee angelegt. Der Architekt Maximilian Friedrich Weyhe errichtete dabei jene Grünanlagen, die immer noch zusammen mit einer Vielzahl von Parks und Plätzen eindrucksvoll das Stadtbild bestimmen.

Ebenfalls im 19. Jahrhundert wurde mit der Königlich Preußischen Kunstakademie – die Rheinlande waren 1815 beim Wiener Kongress König Friedrich Wilhelm III. zugesprochen worden – eine Institution begründet, die bis in unsere Tage das Image der Stadt mitprägt. Die von ihrem Direktor Wilhelm von Schadow begründete „Düsseldorfer Malerschule" brachte der Lehranstalt weltweites Ansehen ein, ihr Prestige trug den Ruf von Düsseldorf als Kunststadt über den ganzen Kontinent bis nach Nordamerika, so dass zu den Akademieschülern Studenten aus ganz Europa und sogar junge Amerikaner zählten. Gemeinsam mit den bereits anerkannten Düsseldorfer Künstlern trafen sie sich in geselliger Runde im Künstlerverein Malkasten, der 1861 Haus und Garten der Familie Jacobi gekauft hatte und in der Folgezeit neben der Akademie kultureller wie auch gesellschaftlicher Mittelpunkt von Stadt und Region werden sollte.

Aber nicht nur die bildenden Künste Düsseldorfs waren im 19. Jahrhundert prägend für ihre Zeit: Hier wurde 1797 – als wohl berühmtester Sohn der Stadt – Heinrich Heine geboren, die Komponisten Robert Schumann und Felix Mendelssohn Bartholdy wirkten in Düsseldorf. Schumann lebte mit seiner Frau Clara mehrere Jahre in der Stadt und schuf in dieser Zeit eines seiner symphonischen Hauptwerke, die „Rheinische Sinfonie".

Auch in ökonomischer Hinsicht erlebte Düsseldorf im 19. Jahrhundert durch die Industrialisierung einen großen Entwicklungsschub. Im Zuge der Unternehmensgründungen und -ansiedelungen errichteten hier eine Vielzahl bedeutender Firmen ihre Betriebe, wie die des Großindustriellen Fritz Henkel, die noch heute als weltweiter Konzern im Stadtteil Holthausen ansässig ist. Die Firmen Haniel und Lueg waren weitere große Arbeitgeber, deren zahlreiche Belegschaft mit dazu beitrug, dass Düsseldorf 1882/83 die Einwohnerzahl von 100.000 überschritt und damit Großstadt wurde. Bis kurz vor dem Ersten Weltkrieg stieg diese Zahl durch Eingemeindungen umliegender Dörfer auf 409.000 und mit ihr der Wohlstand, die öffentliche und private Bautätigkeit, die wirtschaftliche und kulturelle Bedeutung der Stadt.

Diese über Jahrhunderte andauernde Entwicklung wurde durch die nationalsozialistische Gewaltherrschaft und die Zerstörungen des Zweiten Weltkrieges schmerzhaft unterbrochen. Düsseldorf bot 1945 das Bild einer brückenlosen Trümmerstadt, in der 93 % der Wohnhäuser sowie 96 % aller öffentlichen Gebäude beschädigt oder zerstört waren. Angesichts von 10 Millionen Kubikmetern Schutt vollzog sich der Wiederaufbau entsprechend langsam. Zunächst Sitz der Militärregierung, wurde Düsseldorf dann 1946 Landeshauptstadt des mittlerweile bevölkerungsreichsten Bundeslandes Nordrhein-Westfalen.

Das architektonische Bild, das sich dem Besucher heute zeigt, spiegelt eine faszinierende Mischung von Altem und Neuem wider und verdeutlicht eindrucksvoll die Kreativität der hier lebenden Menschen.

Die legendäre Düsseldorfer Altstadt, entstanden aus dem mittelalterlichen Stadtgefüge, präsentiert sich heute in geradezu überbordender Vitalität.

Durch ihre Multifunktionalität, ihre Vielgestaltigkeit und eine ganz besondere, liebenswerte Atmosphäre ist sie vor allem an den Wochenenden für viele Besucher Düsseldorfs das Ausflugsziel schlechthin.

Innerhalb einer historisch bedingten Kleinteiligkeit hat sich hier ein bunter Mix aus Szene, Gastronomie, Shopping sowie Kunst und Kultur entwickelt. Eine Vielzahl von Einzelhandelsgeschäften und einige der wichtigsten Düsseldorfer Museen, wie die Kunsthalle, die Kunstsammlung des Landes Nordrhein-Westfalen (K20), der Kunstverein, das Hetjens-Museum, das Stadt- und Filmmuseum, hat dieser lebendige Stadtteil zu bieten.

Am nördlichen Rande der Altstadt liegt außerdem die Kunstakademie, die auch im 21. Jahrhundert als eine der wichtigsten Hochschulen für die bildenden Künste in ganz Europa gilt. Zu ihrem alljährlich im Februar stattfindenden Rundgang durchwandern Tausende Interessierte die einzelnen Kunstklassenräume.

All diese Einrichtungen bilden ein facettenreiches Kulturensemble, das von rheinischer Lebenslust umspült wird. Die Altstadt ist auch Veranstaltungsort für eine Vielzahl von Festen und Events. Mit über 200 Gastronomiebetrieben findet der Gast hier die sogenannte „längste Theke der Welt", darunter mehrere traditionsreiche Brauhäuser, wo das berühmte Düsseldorfer Alt ausgeschenkt wird, als „lecker Dröpke" von Einheimischen und einer stetig wachsenden Zahl von Besuchern aus aller Welt in großer Eintracht genossen.

Der weiträumige Burgplatz, jener Ort, an dem das Düsseldorfer Stadtschloss bis zu seiner Zerstörung 1872 stand, öffnet sich in ganzer Breite zur schönen Rheinpromenade und ist heute mit der großzügigen Freitreppe, die zum Ufer hinabführt, ein beliebter Treffpunkt nicht nur an schönen Sommerabenden. Hier befindet sich mit St. Lambertus auch eine der ältesten Kirchen Düsseldorfs (1159). Weiter südlich steht mit St. Maximilian, im Volksmund kurz „die Maxkirche" genannt, ebenfalls ein bemerkenswertes Gotteshaus, in dessen barockem Inneren der 1818 gegründete „Städtische Musikverein" tätig war, dem mit Felix Mendelssohn Bartholdy und Robert Schumann zwei herausragende Komponisten angehörten. Auch heute noch spielt die Musik in der Maxkirche eine große Rolle.

Ein gänzlich anderer, in seiner Struktur geradezu diametral gegensätzlicher urbaner Raum findet sich im Süden in direkter Nachbarschaft: Durch die Umgestaltung eines Teilbereichs des alten Wirtschaftshafens zum heutigen „MedienHafen" entstand ab 1976 ein modernes Büro- und Wohnquartier.

Den Stadtplanern bot sich hier die Gelegenheit, ein zwar vernachlässigtes, jedoch unmittelbar an die Innenstadt angrenzendes Gewerbegebiet einer attraktiven und zukunftsweisenden Nutzung zuzuführen. So wuchs rund um den Zollhafen die sogenannte „Medienmeile" als neuer Standort für die kreativen Werbe- und Medienbranchen.

Durch eine städtebauliche Konzeption auf hohem internationalen Niveau entstand innerhalb weniger Jahre um das Hafenbecken an der Kaistraße ein außergewöhnlicher Architekturkomplex: Dem Betrachter bietet sich ein Ensemble überraschend unterschiedlicher Formen, die nicht nur durch das Nebeneinander von Alt und Neu ihren Reiz entfalten.

Auch bei den aktuellen Projekten versucht jeder Neubau durch Baukörperformung, Fassadengestaltung und Farbwahl sein Maß an Aufmerksamkeit auf sich zu ziehen, wobei die Gebäude des „Neuen Zollhofes" des amerikanischen Architekten Frank O. Gehry mit der erstaunlichen Verdrehung ihrer Fassaden eine Hauptsehenswürdigkeit des „MedienHafens" darstellen. Ebenfalls hier angesiedelt ist das neue Regierungsviertel mit dem sehenswerten nordrhein-westfälischen Landtag und das sogenannte „Stadttor", ein vollkommen verglastes Bürohochhaus, in dem sich auch die nordrhein-westfälische Staatskanzlei befindet.

Das alles lässt sich direkt nebenan sehr komfortabel vom Rheinturm aus in 170 m Höhe überblicken: entweder auf der Besucherterrasse oder im sich drehenden Restaurant genießt man bei klarem Wetter einen unvergleichlichen Blick über 48 weitere Stadtteile, die alle mit viel Individualität und besonderen Charakteristiken aufwarten.

Auf der anderen Rheinseite, gegenüber der Altstadt, liegt Oberkassel, einer der schönsten Düsseldorfer Stadtteile, dessen Fassaden mit Jugendstil- und Historismuselementen von den Zerstörungen des Zweiten Weltkrieges weitgehend verschont blieben.

Rechtsrheinisch im Norden findet man Kaiserswerth, einen der geschichtlich bedeutsamsten, direkt am Strom gelegenen Vororte, der neben seinem idyllisch-ländlichen Charakter auch viel historische Bausubstanz bewahren konnte. Diese Vorzüge lassen ihn zum bevorzugten Wohngebiet als auch zur Besucherattraktion werden.

Ebenfalls im Düsseldorfer Norden, im Stadtteil Stockum, befinden sich das Messegelände sowie die LTU-Arena, ein hochmodernes, internationalen Maßstäben gerecht werdendes Multifunktionsstadion mit 51.000 Sitzplätzen, das auch der traditionsreichen Fortuna Düsseldorf als Spielstätte dient.

Sehr komfortabel in unmittelbarer Nähe zum Messegelände liegt der Flughafen „Düsseldorf International", mit bis zu 70.000 Fluggästen täglich eines der wichtigsten Drehkreuze Deutschlands.

An der östlichen Peripherie der Stadt, schön gelegen am Übergang zum Bergischen Land, finden sich mit Grafenberg, Gerresheim und Unterbach Stadtteile von hoher Lebensqualität, wobei Gerresheim zudem noch mit einem höchst geschichtsträchtigen Zentrum rund um die Basilika St. Margareta beeindruckt.

Die südlichen Vororte, teils noch mit dörflicher Struktur in malerischen Auenlandschaften gelegen, wie Itter und Urdenbach, bergen ganz unvermutet ein besonderes Juwel: im ohnehin schon sehenswerten Stadtteil Benrath erwartet den Besucher mit dem spätbarocken Jagdschloss, das Kurfürst Carl Theodor 1755 von Nicolas de Pigage errichten und von weitläufigen Parkanlagen umgeben ließ, eine Sehenswürdigkeit von Weltrang.

Manche andere ehemals stark industriell geprägten Stadtteile haben in den vergangenen Jahren an Wohnwert gewonnen. So hat sich in Oberbilk und Flingern multikulturelles Szeneleben entwickelt, mit interessanter Kneipenkultur, jungen Galerien und phantasievollen Hinterhofnutzungen, die ehemalige Arbeiterwohnquartiere zu angesagten Lebensräumen für junge Düsseldorfer werden ließen.

Studentisches Leben spielt sich vorzugsweise in Bilk ab, dem bevölkerungsreichsten Stadtteil, der als „Villa Bilici" schon in karolingischer Zeit Erwähnung fand. Hier liegt auf der Grenze zu Wersten die Düsseldorfer Heinrich-Heine-Universität, die sich aus der städtischen „Medizinischen Akademie" entwickelte und 1965 in eine Volluniversität umgewandelt wurde, wo heute an 5 Fakultäten über 17.000 junge Menschen leben und lernen.

All diese vielfältigen Stadtbilder, diese individuelle Mischung aus niederrheinischer Dörflichkeit und mondäner Großstadtatmosphäre, eingebettet in Parks und geschützte Naturräume, machen Düsseldorf so einzigartig und – nach neuesten Studien – zur Stadt mit der höchsten Lebensqualität in Deutschland.

Die nordrhein-westfälische Landeshauptstadt muss sich zwar mit einer vergleichsweise geringen Fläche begnügen, dennoch ist sie eine Stadt mit Weltgeltung, deren einzigartiges Fluidum aus Tradition, Innovation, großem Strom und rheinischer Fröhlichkeit das Leben täglich bereichert.

Abbildung Seite 4: *Düsseldorfer Stadtsiegel von 1363*
Abbildungen Seite 6+7: *Emailminiaturen des Kurfürsten Johann Wilhelm und seiner Gattin Anna Maria Luisa de Medici (um 1702).*

BAV. IUL. CLIV. MONT. DUCI. PRINC. OPT.
MERITO. URBIS. AMPLIFICATORI
PINACOTHECAE FUNDATORI

Das Herz der Stadt liegt in unmittelbarer Nähe des Rheins. Das Düsseldorfer Rathaus ist ein weitläufiger, mehrflügeliger Gebäudekomplex, der sich am ehemaligen Marktplatz in der Altstadt befindet. Seine bauhistorisch unterschiedlichen Fassaden bezeugen die permanenten räumlichen Erweiterungen, zu denen sich die Bürger ab der Mitte des 18. Jahrhunderts angesichts der zunehmenden Bedeutung ihrer Stadt veranlasst sahen. Ein erster Neubau am merkantilen Zentrum der Stadt erfolgte 1570–1573, vermutlich nach einem Entwurf des herzoglichen Landesbaumeisters Maximilian Pasqualini. Davon hat sich nur noch die wunderschöne Backsteinfassade erhalten, aus deren Mitte ein fünfgeschossiger Treppenturm hervortritt, der das landesherrliche Wappen des Herzogs von Jülich-Kleve-Berg sowie das städtische Wappen zeigt. Der Marktplatz selber wird heute für Veranstaltungen der vielfältigsten Art genutzt. Nur die ursprüngliche Nutzung findet hier aufgrund der historisch bedingten Kleinteiligkeit nicht mehr statt. Die Markthändler haben ihre Stände mittlerweile auf dem größeren Carlsplatz weiter südlich aufgestellt.

Beherrscht wird der Platz von dem mächtigen Reiterstandbild des Kurfürsten Johann Wilhelm von der Pfalz, das er sich noch zu Lebzeiten 1711 aufstellen ließ. Diese, unter Kennern als eine der bedeutendsten Barockplastiken nördlich der Alpen geltende, vier Meter hohe Skulptur wurde von Gabriel de Grupello, dem Hofbildhauer Jan Wellems ausgeführt, und ist in Deutschland nur noch vergleichbar mit dem 1700 entstandenen Reiterstandbild des Großen Kurfürsten in Berlin von Andreas Schlüter. Als eine der wenigen zeitgenössischen Erinnerungen an den volkstümlichen Kurfürsten Johann Wilhelm im Stadtbild stellt es eines der schönsten Wahrzeichen Düsseldorfs dar.

Zum 700-jährigen Jubiläum der Stadt Düsseldorf im Jahre 1988 stiftete der Heimatverein Düsseldorfer Jonges e.V. das Stadterhebungsmonument am nordöstlichen Teil des Burgplatzes. Das von Bert Gerresheim geschaffene Bronzedenkmal besteht aus drei Teilen, die wesentliche stadtgeschichtliche Ereignisse reflektieren. Der szenische Aufbau folgt dem chronologischen Ablauf, wobei das früheste Ereignis, die Schlacht von Worringen am 5. Juni 1288, aus der die Verbündeten Graf Adolfs V. von Berg als Sieger hervorgingen, den linken Teil einnimmt. Am 14. August des selben Jahres besiegelte Graf Adolf die Stadterhebungsurkunde Düsseldorfs. Dieses zentrale Thema wird auch räumlich in den Mittelpunkt des Bronzemonuments gestellt. Im rechten Teil des Werkes sind ein Marktkarren und regionale Güter zu sehen, Symbole für die Berechtigung Düsseldorfs als Marktstadt, ferner die vier mit dem Kanonikerstift St. Lambertus in Verbindung stehenden Päpste und der Schrein des heiligen Apollinaris, dem Schutzpatron Düsseldorfs.

Am Rathausufer befindet sich der Alte Hafen, dessen Randbebauung eine frühere bis um 1800 bestehende Situation aufgreift. Heute handelt es sich allerdings um ein symbolisch mit Wasser gefülltes Becken, das keine direkte Verbindung zum Rhein hat. Um den Charakter des Hafens zu verdeutlichen, wurde jedoch 1996 ein für die Rheinschifffahrt typischer Aalschokker hier verankert.

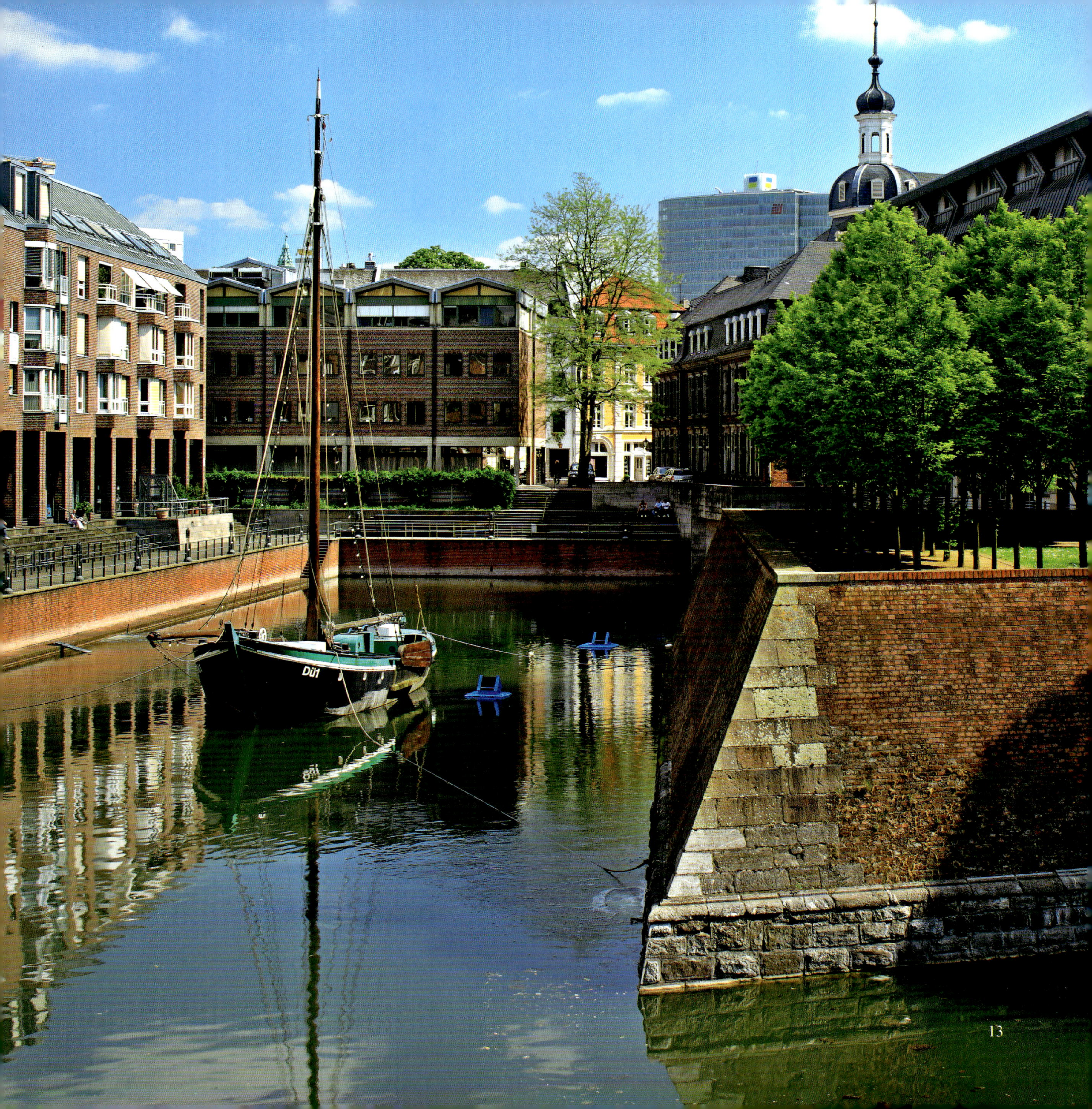
Dü1

14

Eine der schönsten Flaniermeilen Deutschlands liegt am Rheinufer der Altstadt. Das bezeugen neben den Düsseldorfern auch unzählige Touristen, die insbesondere an den Wochenenden rheinisches Flair und Erholung suchen. Auf zwei in der Höhe versetzten Promenaden kann der Spaziergänger nicht nur den Fluss unmittelbar erfahren, sondern auch das eindrucksvollste Panorama der Stadt genießen, da der Rhein an dieser Stelle in einer langgestreckten Biegung vorüberfließt. Das war aber nicht immer so. Während die untere Rheinwerft bis Ende der sechziger Jahre durch Kaianlagen des Hafens wirtschaftlich genutzt wurde, befuhren bis zu 55.000 Autos täglich eine vierspurige Nord-Süd-Verbindung, die sich auf der oberen Rheinwerft befand. 1987 beschloss der Stadtrat die Untertunnelung des Rheinufers durch zwei übereinanderliegende Verkehrsröhren, deren Bau für die Stadt zu den teuersten und ingenieurtechnisch schwierigsten Projekten des 20. Jahrhunderts werden sollte. Seit 1993 ist diese wichtige Verkehrsader befahrbar, die das Regierungsviertel, den Stadtteil Unterbilk, den Hafen mit der Medienmeile sowie die Altstadt miteinander vernetzt. Zwei Jahre später wurde dann die Rheinuferpromenade eröffnet, deren Gestalt sich an das Aussehen des Rheinufers um 1902 anlehnt. Übernommen wurden nicht nur eine Platanenallee, die zwei, mit wellenförmigen Betonplatten bedeckte Rad- und Gehwege voneinander trennt, sondern ebenso historische Bauelemente wie die Hochwasserschutzmauern oder die große, laternenbestückte Terrasse. Gleichfalls erhalten hat sich die Pegeluhr, deren Zifferblätter der Rhein- und Stadtseite den Wasserstand, den beiden anderen die Uhrzeit angeben.

16.
JAZZ RALLY
9. bis 11. Mai 2008
Freitag 9.5.2008
Samstag 10.5.2008
Sonntag 11.5.2008
Horten
Carsch Haus

Darüber hinaus begeistert „Jazz und Weltmusik im Hofgarten" alljährlich ebenso die Fans wie die seit 1993 stattfindende Jazz-Rallye, die einmal im Jahr Düsseldorf in die deutsche Hauptstadt des Jazz verwandelt. Internationale Topstars der Szene stehen dann auf bis 80 im gesamten Stadtgebiet verteilten Bühnen und locken innerhalb weniger Tage bis zu 300.000 Begeisterte an den Rhein. Einer der Spielorte ist der Musikpavillon vor dem Carsch-Haus in der Altstadt, bei dem es sich um einen Nachbau handelt. Das Original hatte dem gegenüberliegenden Wilhelm-Marx-Haus weichen müssen.

Düsseldorf kann auf eine reiche Jazz-Tradition zurückblicken. Seit den 50er Jahren brachte die Stadt zahlreiche Jazz-Lokale wie das legendäre „Downtown" hervor, in dem sich Größen wie Dexter Gordon und Ben Webster aber auch Düsseldorfer Musiker wie Hermann Gehlen und Peter Weiss die Klinke in die Hand gaben. Einen festen Spielort hat dieser Musikstil mittlerweile in der „Jazz-Schmiede" im Stadtteil Bilk gefunden.

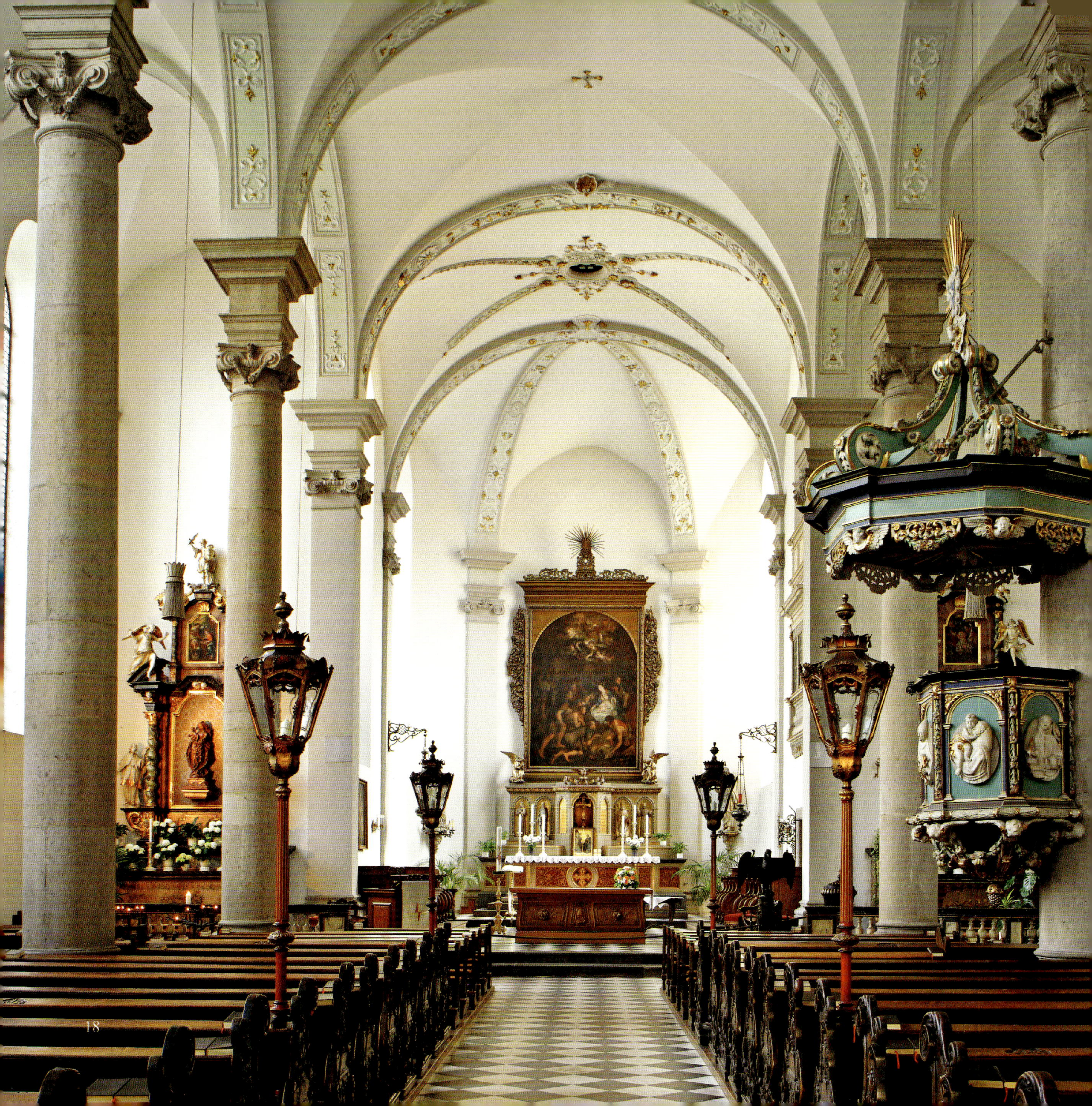

Eine der prominentesten und beliebtesten Düsseldorfer Kirchen ist „St. Maximilian", liebevoll nur „Die Max" genannt. In der Altstadt gelegen, geht ihr Ursprung auf das Jahr 1651 zurück, als sich an diesem Ort sechs Franziskaner niederließen, um seelsorgerisch und karitativ tätig zu werden. Nach nur vier Jahren erfolgreicher Arbeit konnten sie damit beginnen, ein Kloster und eine Kirche zu errichten. Da sich das Gotteshaus bereits früh zu einem der beliebtesten im Rheinland entwickelte, entschloss sich der Konvent kaum ein halbes Jahrhundert später auf Grund der beengten Verhältnisse zu einem Neubau. 1737 wurde dann das spätbarocke Gebäude geweiht. Während der Säkularisation zu Beginn des 19. Jahrhunderts waren Kirche und Kloster „op d' Cita" vom Abriss bedroht, was jedoch durch das heftige Einschreiten Düsseldorfer Bürger verhindert werden konnte. Das Kloster wurde zwar aufgelöst, aber die bis dahin dem Hl. Antonius von Padua geweihte Kirche blieb bestehen und erhielt als zweite Pfarrkirche Düsseldorfs den Namen „St. Maximilian". Die Kirchenmusik gedieh in der „Max" zu besonderer Blüte. Wesentlich dazu beigetragen hat im 19. Jahrhundert der Städtische Musikverein mit seinen prominentesten Leitern Felix Mendelssohn Bartholdy und Robert Schumann. Aber auch heute noch lassen die Konzerte der Organisten, das Auftreten des Maxchors sowie namhafter Solisten die Gottesdienste zu einem derart unvergleichlichen Erlebnis werden, dass oftmals kein Stehplatz mehr frei ist.

Die Einrichtung des Innenraumes stammt im Wesentlichen aus der Mitte des 18. Jahrhunderts, das Chorgestühl befand sich sogar bereits im Vorgängerbau. Aus dem ehemaligen Franziskanerkloster entstand mit dem Maxhaus ein katholisches Begegnungszentrum, das mit seinem überdachten Klosterhof für vielfältige kulturelle Veranstaltungen genutzt wird.

Düsseldorf würdigte Heinrich Heine als einen der bedeutendsten deutschen Dichter in den letzten Jahrzehnten auf vielfältige Weise. Zu seinem 125. Todestag wurde am 17.2.1981 am Schwanenmarkt in der Carlstadt das Heinrich-Heine-Monument des Düsseldorfer Künstlers Bert Gerresheim enthüllt, das lange in der Öffentlichkeit umstritten war. Gerresheim, der sich motivisch an Heines Totenmaske orientierte, stellt hier nicht den ironischen und selbstbewussten Dichter dar, sondern den todkranken, innerlich zerrissenen Menschen Heine, dessen zersprengtes Gesicht auf der von zahlreichen Symbolen umgebenen Grünfläche liegt. Der Bildhauer ist mit weiteren Arbeiten im Stadtbild vertreten und studierte an der Düsseldorfer Kunstakademie bei Otto Pankok. Sein Heine-Denkmal soll vom Betrachter als „Fragemal" wahrgenommen werden und darüber hinaus die gestalterischen und interpretatorischen Möglichkeiten eines zeitgenössischen Persönlichkeitsdenkmals verdeutlichen, das insbesondere durch seine distanzlose Erfahrbarkeit neue Sichtweisen ermöglicht. Die Stadt Düsseldorf verdankt dieses Heine-Denkmal der Privatinitiative des Bankiers Dr. Stefan Kaminsky.

„Die Stadt Düsseldorf ist sehr schön, und wenn man in der Ferne an sie denkt, und zufällig dort geboren ist, wird einem wunderlich zu Muthe. Ich bin dort geboren und es ist mir, als müsste ich gleich nach Hause gehn. Und wenn ich sage nach Hause gehn, dann meine ich die Bolkerstraße und das Haus, worin ich geboren bin". Dies schrieb Heinrich Heine, der am 13.12.1797 in der Bolkerstraße 53 zur Welt kam, 30 Jahre später in seinem Werk „Ideen. Das Buch Le Grand". Er verbrachte seine Kindheit mitten in der Düsseldorfer Altstadt und die Schulzeit im ehemaligen Franziskanerkloster. In Düsseldorf erlebte er auch am 3. November 1811 den Einzug Napoleons.

Das Heinrich-Heine-Institut in der Bilker Straße stellt ein Zentrum der internationalen Heine-Forschung dar und verfügt über umfangreiche Archiv- und Bibliotheksbestände zu Leben und Werk des Dichters, der rheinischen Literatur sowie zu Robert Schumann. Es führt darüber hinaus das weltweit einzige Museum für den 1797 in Düsseldorf geborenen Dichter. Neben der Dauerausstellung „Heinrich Heine. Nähe und Ferne" finden im Institut regelmäßig Sonderausstellungen statt, die sich inhaltlich dem Heine-Umkreis sowie den Themenschwerpunkten des Hauses widmen. Abgerundet wird das Ausstellungsprogramm durch zusätzliche Veranstaltungen, die über den Stand der Forschung informieren, Sonderausstellungen begleiten und der kritischen Literaturvermittlung und -diskussion ein Forum bieten.

Die Neanderkirche in der Bolkerstraße erhielt ihren Namen nach dem Liederdichter und Pastor Joachim Neander, der 1674–79 in der reformierten Gemeinde Düsseldorfs wirkte und auch Namenspatron des Neandertales im benachbarten Mettmann wurde. Darüber hinaus ist aber auch die ungewöhnliche Lage des Gotteshauses bemerkenswert. In der sonst eng bebauten Altstadt steht das Kirchengebäude nicht in der Häuserflucht, sondern nach hinten zurückversetzt, was auf einen fürstlichen Erlass zurückgeht, der den Protestanten verbot, ihre Gebäude an öffentlichen Straßen zu bauen. Ursprünglich befanden sich vor der Kirche in der Häuserflucht zwei Fachwerkhäuser, zwischen denen die Gläubigen durch das sogenannte „reformierte Pörtzchen", einem kleinen Tor, zum Gotteshaus gelangten. Nachdem dann ein Neubau aus dem 19. Jahrhundert an dieser Stelle im Zweiten Weltkrieg zerstört wurde, entschloss man sich zur optischen Eingliederung der Neanderkirche in das Straßenbild. Das Kirchengebäude ist ein tonnengewölbter schlichter Saalbau, der gegen Ende des 17. Jahrhunderts in Nord-Süd-Richtung angelegt wurde. Ursprünglich war die Kirche auch von der Nordseite zugänglich, worauf die reich geschmückte Fassade hindeutet. Die Südfassade zur Bolkerstraße wird von einem siebengeschossigen Turm dominiert, dessen Spitze eine Wetterfahne aus dem Jahre 1687 ziert. Heute hat sich der einstige Makel, nur in der zweiten Reihe zu stehen, zum Positiven gewandt. Der Vorplatz schafft zusammen mit dem schmiedeeisernen Gitter, das ihn begrenzt, eine vornehme Distanz und lässt das Gebäude ausgesprochen würdevoll erscheinen.

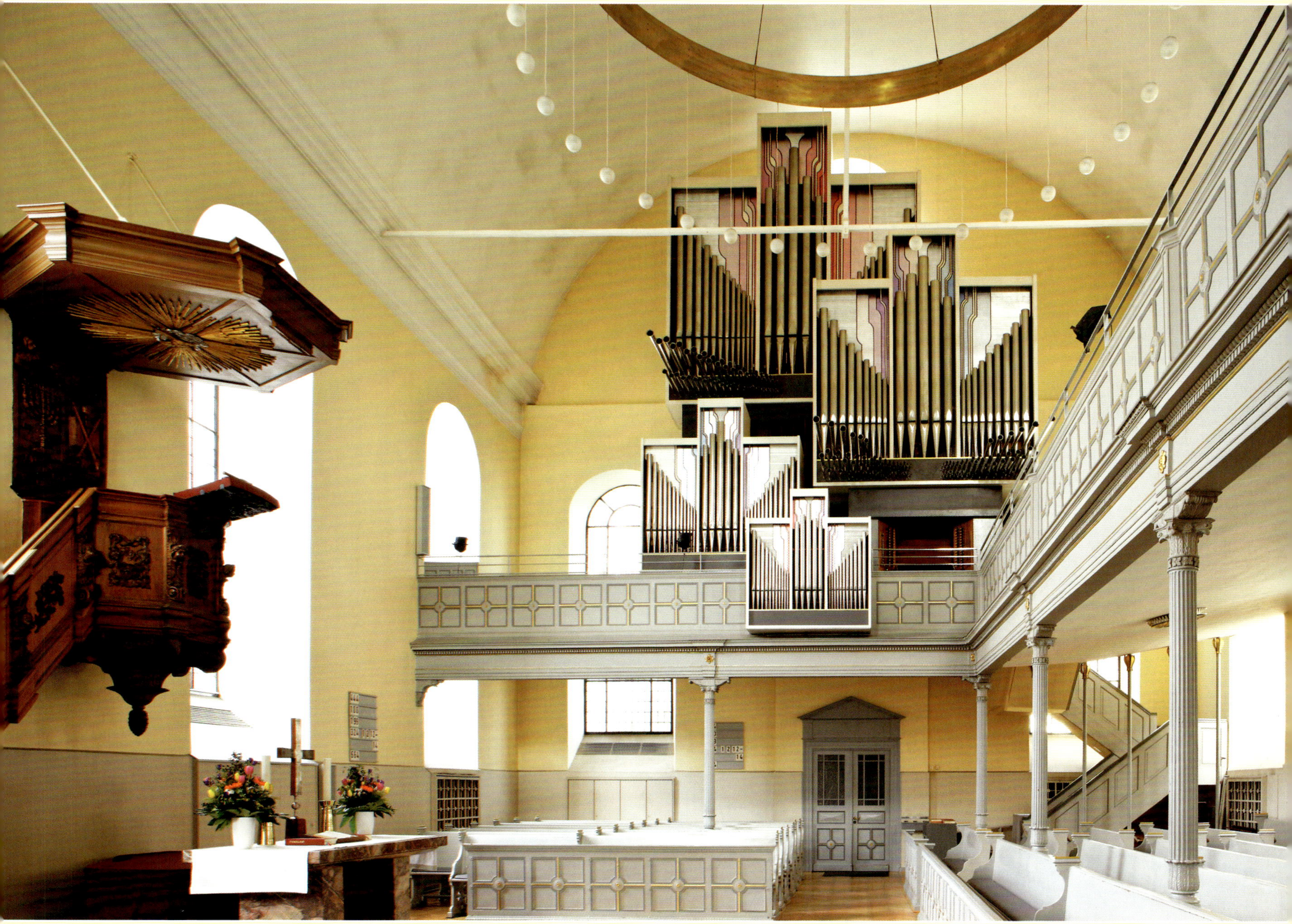

Am Burgplatz in der Altstadt steht mit dem Schlossturm das letzte Zeugnis der alten, über Jahrhunderte die Rheinfront beherrschenden und 1872 abgebrannten Düsseldorfer Stadtschlossanlage. Er ist eines der Wahrzeichen der Landeshauptstadt und beherbergt heute die wertvolle Sammlung des Stadtmuseums zur Binnenschifffahrt. In unmittelbarer Nähe befinden sich neben dem Stadterhebungsmonument auch der Radschlägerbrunnen, dessen radschlagende bronzene Kinder an einen typisch Düsseldorfer Brauch erinnern, der mittlerweile aus dem Stadtbild leider fast vollständig verschwunden ist. Genutzt wird der Burgplatz, der die Keimzelle Düsseldorfs markiert, heute als Veranstaltungsort für die vielfältigsten Feste. Als Treffpunkt für Jung und Alt bieten sich nicht nur die zahlreichen gastronomischen Angebote rund um den Platz, sondern auch eine bauliche Besonderheit an, die sich aus der Neugestaltung des Rheinufers 1995 ergab. Die sogenannte Spanische Treppe, welche am Burgplatz auf 50 Metern Breite die obere und untere Promenade verbindet, hat sich als großzügiges Forum für all jene etabliert, die einen Blick auf den Strom genießen wollen, der bei Sonnenuntergang besonders eindrucksvoll ist.

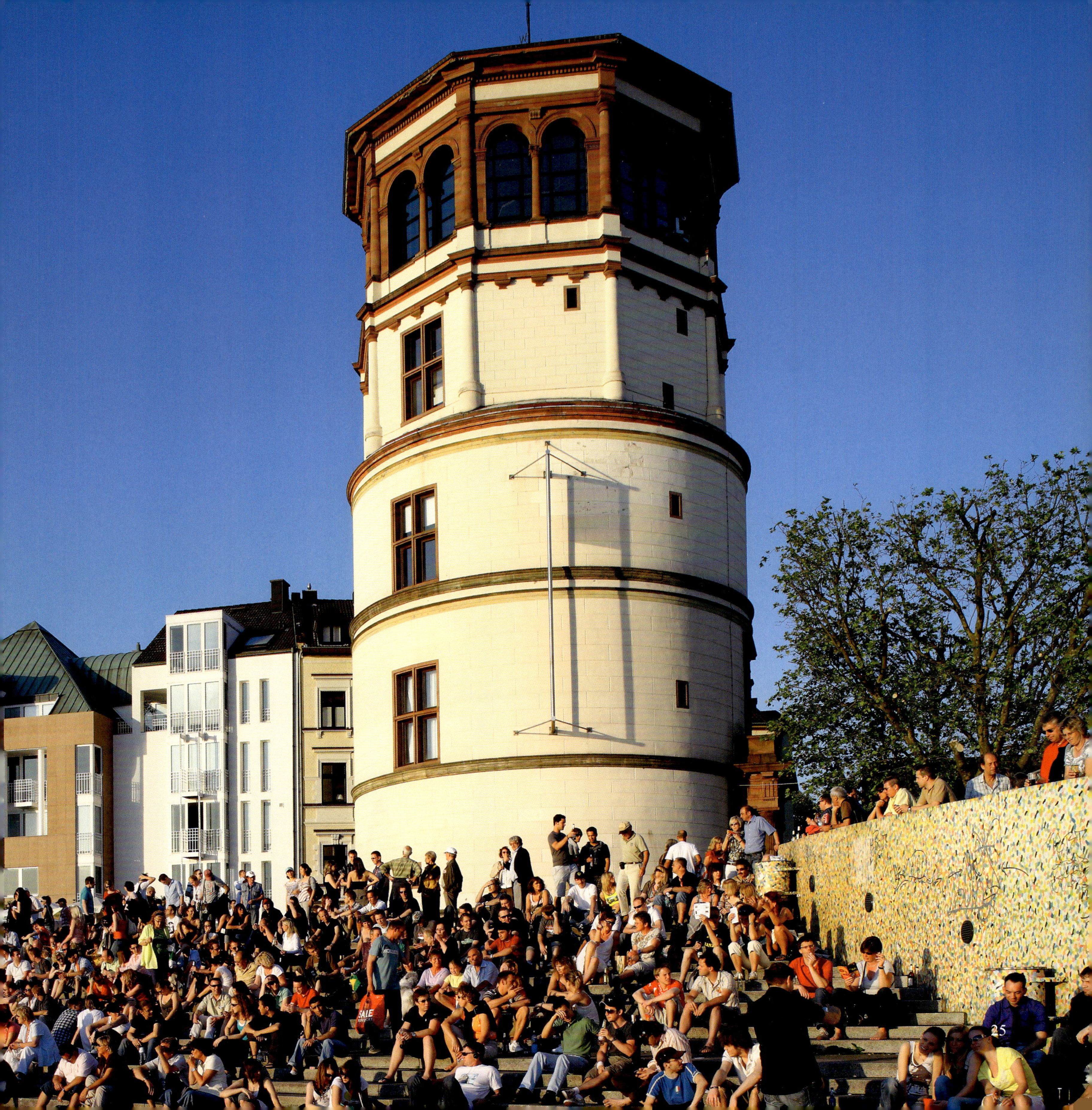

UERIGE. ALLES ANDERE IST ALT.

$\mathcal{A}$m Beginn der Bergerstraße liegt mitten in der Altstadt eine der beliebtesten Düsseldorfer Gaststätten, das „Uerige". Das Traditionslokal ist eine von heute nur noch vier Hausbrauereien, die in Düsseldorf Altbier brauen. Seinen Namen verdankt es dem Spitznamen des Besitzers Wilhelm Cürten, der ab 1862 hier eine Brauerei betrieb. Der „uerige Willem", in rheinischem Platt also der „schlecht gelaunte Wilhelm", braute allerdings ein derart gutes Bier, dass sich die Gäste von seinem Benehmen nicht abschrecken ließen. Auch heute noch zeichnen sich die blaugeschürzten „Köbesse", wie die Kellner genannt werden, eher durch einen mittlerweile bewusst gepflegten „uerigen" Charakter aus.

$\mathcal{D}$ie vor dem Lokal stehende Figur geht auf die Aktion „RADSCHLÄGER KUNST Düsseldorf 2001" zurück. Mehr als 70 Künstler gestalteten, bemalten und beklebten überlebensgroße Kunststoffskulpturen des „Düsseldorfer Radschlägers", die als Rohlinge nach einem Entwurf des Düsseldorfer Designers Professor Friedrich Becker zur Verfügung gestellt wurden. Die Figuren belebten dann für einen Sommer das Stadtbild und lassen sich vereinzelt auch noch heute finden. Das „Uerige" erwarb den Radschläger des Künstlers Ulli Maier, der braune Hölzer und Messingbeschläge malerisch nachahmte und den Betrachter dadurch an das leckere dunkle Altbier des Lokals erinnert.

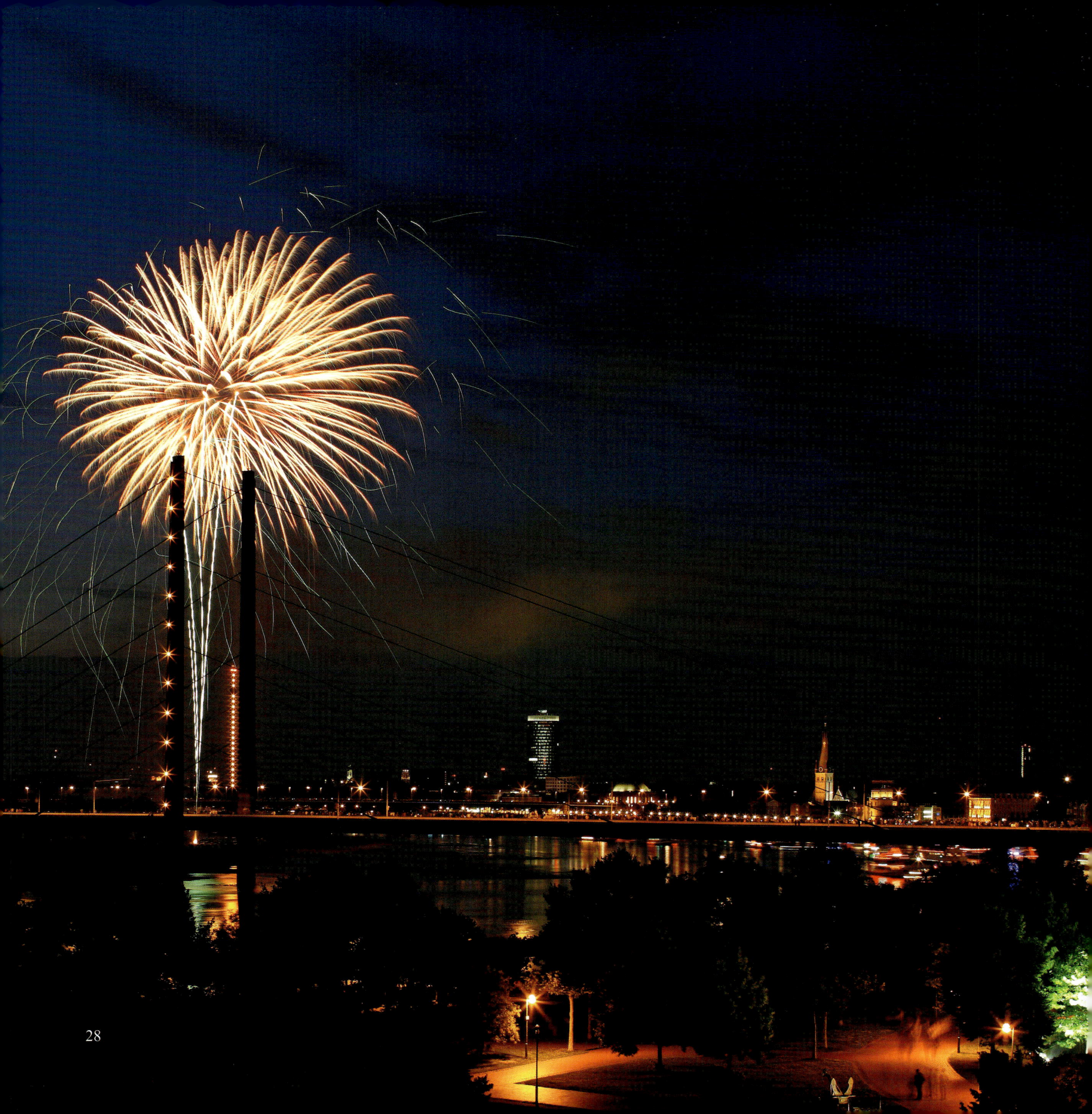

$\mathcal{D}$üsseldorf zählt heute neben London und Paris zu den wichtigsten Zentren japanischer Wirtschaftsaktivitäten in Europa. Rund 5.000 Japaner, deren Firmen sich räumlich insbesondere um die innerstädtisch gelegene Immermannstraße sowie im Düsseldorfer Norden angesiedelt haben, leben und arbeiten in der Landeshauptstadt. Einmal im Jahr, am „Japantag", würdigt die japanische Gemeinde ihre guten Beziehungen zur Landeshauptstadt in den Oberkasseler Rheinwiesen gegenüber der Altstadt. Bei diesem wunderbaren Sommerfest kann der Besucher in ostasiatische Traditionen eintauchen, wird in Kalligraphie unterwiesen, hört traditionelle und neue fernöstliche Musik und genießt die Köstlichkeiten der japanischen Küche. Am Ende des Tages erwartet ihn dann der Höhepunkt der Veranstaltung. Ein unvergleichliches japanisches Feuerwerk, zu dem jährlich mehrere hunderttausend Besucher anreisen, zaubert magisch schöne Bilder in den Düsseldorfer Nachthimmel.

Zum Bestand der Kunstsammlung Nordrhein-Westfalen K20 gehört auch das 1952 entstandene Werk „Figur am Meeresstrand" des französischen Malers Nicolas de Staël. Der 1914 in St. Petersburg geborene Maler besuchte ab 1918 die Königliche Kunstakademie in Brüssel und schuf zunächst konstruktivistische Kompositionen. Ab 1943 setzte er sich mit der ungegenständlichen Malerei auseinander und gehörte nach Kriegsende zu der kleinen Zahl von Pariser Künstlern, die sich dem Abstrakten Expressionismus als Stilrichtung zuwandten. In seinen späteren Bildern versuchte de Staël dann Abstraktion und Gegenständlichkeit zu einer Synthese zu vereinen. Dies lässt sich auch an dem Bild aus dem Bestand des K20 ablesen: Die Dynamik des Expressiven entlädt sich nicht mehr in heftigen Bewegungen, sondern wird in Blöcke gefasst, die das Bild gliedern.

$\mathcal{D}$as Land Nordrhein-Westfalen erwarb 1960 ein Konvolut von 88 Arbeiten des Malers Paul Klee und legte damit den Grundstein für eine landeseigene museale Sammlung zur Modernen Kunst. Die Bestände sind mittlerweile so umfangreich geworden, dass sie sich auf zwei Häuser verteilen. Während das K21 am Kaiserteich in der Friedrichstadt aktuelle zeitgenössische Kunst präsentiert, widmet sich das 1986 nach einem Entwurf des dänischen Architekturbüros Dissing + Weitling errichtete K20 in der Altstadt den Klassikern des letzten Jahrhunderts. Mit einem hervorragenden Bestand an Einzelwerken von Joseph Beuys, Pablo Picasso sowie den Werken von Paul Klee, des Surrealismus und der amerikanischen Moderne belegt das Haus eine herausragende Position in der internationalen Museumswelt. Diesem hohen Qualitätsanspruch wird das K20 immer wieder durch Wechselausstellungen gerecht, die regelmäßig die Kunstbegeisterten aus der ganzen Bundesrepublik anziehen. Um den außerordentlichen Bestand der Sammlung zu unterstreichen, entschloss sich das Land, das Gebäude 2008/2009 grundlegend zu sanieren und zu renovieren. Darüber hinaus erhielt das Museum einen neuen 2000 m² großen Gebäudetrakt, der 2010 eingeweiht wurde.

1

2

3

4

$\mathcal{D}$ie Düsseldorfer Kunstakademie zählt seit dem 19. Jahrhundert zu den bedeutendsten Ausbildungsstätten Europas. 1773 durch den Kurfürsten Carl Theodor als Kurfürstlich Pfälzische Akademie der Maler-, Bildhauer- und Baukunst gegründet, erlebte sie unter ihrem Direktor Wilhelm von Schadow fünfzig Jahre später eine erste Hochblüte. Die vom ihm begründete sogenannte Düsseldorfer Malerschule zog junge Menschen aus der gesamten Welt an. Und daran hat sich bis heute nichts geändert. Die Studenten sind fasziniert vom vollkommen eigenständigen Arbeiten und von der Auseinandersetzung mit bedeutenden Lehrern aus der internationalen Kunstszene.

Professor Konrad Klapheck (Bild 2), einer der wichtigsten Düsseldorfer Künstler, lehrte dort Freie Malerei. Den sogenannten Orientierungsbereich für Erstsemester leitet Professor Udo Dziersk (Bild 1 und 4), der Birgit Reiner und Ruri Matsumoto dabei unterstützt, erste künstlerische Schritte zu unternehmen. Das Vestibül (Bild 3) der Akademie, die 1875–1879 nach einem Brand als Neubau entstand, wird für die Präsentation und Besprechung neuer Arbeiten genutzt.

Der rheinische Karneval, auch als „Fünfte Jahreszeit" bekannt, ist eine der jährlichen Hauptattraktionen der Landeshauptstadt. Zusammen mit Köln und Mainz stellt Düsseldorf eine der Hochburgen der Narren, die in über 300 Karnevalssitzungen, Empfängen und Kostümbällen während der närrischen Zeit ausgelassen feiern. Die Altstadt bildet dann das Zentrum der Jecken, die zu Hunderttausenden dem Karnevalszug zujubeln, der über die Heinrich-Heine-Allee und die Königsallee zieht und auch bundesweit im Fernsehen übertragen wird. Die närrische Session wird zuvor pünktlich am 11.11. um 11:11 Uhr eröffnet. Dann zieht Hoppeditz, eine typische Düsseldorfer Narrenfigur, zum Rathaus, um dort eine launige Rede zu halten, auf die der Oberbürgermeister in gleicher Weise antworten muss. Karneval ist in Düsseldorf eine Bewegung, die die ganze Stadt ergreift. An Altweiberfastnacht stürmen dann die „Möhnen", die „alten" Frauen, das Rathaus und übernehmen für einen Tag die Regierung. Der Oberbürgermeister, hier der 2008 verstorbene Joachim Erwin, übergibt den Närrinnen dann symbolisch den Rathausschlüssel.

35

C. BECHSTEIN
CENTRUM DÜSSELDORF

$\mathcal{D}$as Kom(m)ödchen in der Düsseldorfer Altstadt ist eines der bekanntesten politisch-literarischen Kabaretts der Bundesrepublik. Kurz nach dem Ende des Zweiten Weltkrieges wurde es 1947 von Kay und Lore Lorentz, den deutschen Kabarett-Legenden der ersten Stunde, in der Hunsrückenstraße 20 gegründet. 1967 folgte dann der Umzug in Räume der neugebauten Kunsthalle, bei dem die Zuschauer in der Pause des laufenden Stücks Requisiten und Teile des Bühnenbildes selber hinübertrugen. Mittlerweile leitet Kay Sebastian Lorentz, der Sohn der Gründer, das Haus, dessen Historie auf über 71 Programme unter Beteiligung der prominentesten deutschen Kleinkunstmeister, wie Thomas Freitag oder Volker Pispers, zurückblicken kann. Die Stadt Düsseldorf ehrte die Leistungen des Kom(m)ödchens durch die Umbenennung der Fußgängerzone vor dem Theater in „Kay-und-Lore-Lorentz-Platz".
Die mit über 350 Vorstellungen erfolgreichste Eigenproduktion des Theaters ist übrigens „Couch".

Direkt am Alten Hafen befindet sich das Hetjens-Museum. Es sammelt und präsentiert Keramik von internationalem Rang und geht in seiner Historie auf Laurenz Heinrich Hetjens zurück, der zu Beginn des letzten Jahrhunderts Düsseldorf sein Vermögen und seine Keramiksammlung vermachte. Bedingung war jedoch, dafür ein eigenes Haus zu errichten, was die Stadt zunächst auch nördlich des Kunstpalastes zügig umsetzte. Als die Sammlung immer größer wurde, zog das Museum 1969 zur Carlstadt in das Palais Nesselrode um. Nachdem auch hier bald Raumnot herrschte, wurde 1994 ein Erweiterungsbau fertiggestellt, den zur Hälfte auch das Filmmuseum nutzt.

Heute beherbergt das Museum die weltweit einzige Sammlung, die die universelle Geschichte der Keramik von ihren Anfängen bis in die Gegenwart und durch alle Kulturen und Epochen repräsentiert. Im Laufe der Jahrzehnte gelang es, die Sammlung Laurenz Heinrich Hetjens durch gezielte Ankäufe und Schenkungen auf 8.000 Jahre Keramikgeschichte auszudehnen und einzigartige Exponate zusammenzutragen. Das größte Objekt des Museums ist eine raumfüllende Halbkuppel, die um 1680 in Multan, im heutigen Pakistan, entstand. Neben Sonderausstellungen finden in einem Töpferraum regelmäßig Kurse für Kinder, Jugendliche und Erwachsene statt.

39

Im August 2001 wurden die ersten beiden Menschen-Skulpturen, die sogenannten Säulenheiligen, des Düsseldorfer Künstlers Christoph Pöggeler auf Litfaßsäulen gestellt. Mittlerweile beleben acht von zwölf geplanten realistischen Figuren unserer Gesellschaft das innerstädtische Stadtbild – vom Liebespaar bis zur Mutter mit Kind. Begleitet wurde das Projekt von der Aktion „Säulenheilige-live", bei dem sich lebende Menschen auf die Litfaßsäulen stellten. Die Intention des Künstlers ist, Menschen als Stellvertreter einer gesellschaftlichen Gruppe aus der Alltagswelt im wahrsten Sinne des Wortes herauszuheben und wieder als Individuen wahrnehmen zu lassen. Die historischen Wurzeln der Säulenheiligen liegen in der Antike. Im 5. Jahrhundert n. Chr. bestieg der syrische Mönch Symeon eine Säule, um Gott im Gebet näher zu sein. Auf Grund dieses christlichen Hintergrundes konnte Christoph Pöggeler die katholische Stadtkirche als Sponsor für sein Projekt gewinnen. Sie markiert mit einigen Säulenheiligen jene städtischen Orte, in denen sie präsent ist, so z.B. vor dem Franziskanerkloster, dem Sozialen Zentrum der Caritas sowie an der Basilika St. Lambertus. Der Künstler wurde 1958 in Münster geboren und studierte 1977–1985 an der Staatlichen Kunstakademie in Düsseldorf bei Professor Alfonso Hüppi. 1993 erhielt er den Förderpreis für Malerei der Stadt Düsseldorf und wurde als Maler großformatiger Baumlandschaften bekannt.

41

Die Kirche St. Lambertus ist eines der ältesten Bauwerke der Stadt und die Mutterkirche Düsseldorfs. Unmittelbar am Rhein gelegen, geht ihre urkundlich nachgewiesene Geschichte bis in das Jahr 1159 zurück, jedoch sind ihre Ursprünge noch älter. Zunächst befand sich an der Stelle der heutigen Kirche eine romanische Kapelle, die 1209 zur Pfarrkirche erhoben wurde. Bis 1394 entstand dann die dreischiffige Hallenkirche in den Formen der niederrheinischen Backsteingotik. Auffälligstes Merkmal ist der schiefe Turmhelm, der nach einem Brand im Jahre 1815 von dem Architekten Adolph von Vagedes erneuert wurde. Die Verwendung von zu frischem Holz führte jedoch dazu, dass sich der Dachstuhl verdrehte und so zu einem Düsseldorfer Wahrzeichen wurde. Der Sage nach hat der Teufel den Turm in einem Wutanfall verdreht, als er versuchte, die Kirche herauszureißen. Als der Turm nach dem Zweiten Weltkrieg erneuert werden musste, wurde er auf Wunsch der Bevölkerung wieder verdreht aufgebaut. Neu hingegen gestaltete man das Westportal nach den Entwürfen von Ewald Mataré. Das Innere der Kirche beherbergt neben den Resten ursprünglicher Bemalung auch die letzten vier Altäre der Düsseldorfer Zünfte sowie Kunstwerke aus sieben Jahrhunderten. 1974 wurde der Kirche durch Papst Paul VI. der Ehrentitel einer päpstlichen Basilica minor verliehen. Zusammen mit der Dominikanerkirche St. Andreas, der barocken Kapelle St. Joseph des Theresienhospitals sowie der Kreuzherrenkirche in der Ratinger Straße bildet St. Lambertus das Quartett der vier katholischen Kirchen in der Düsseldorfer Altstadt.

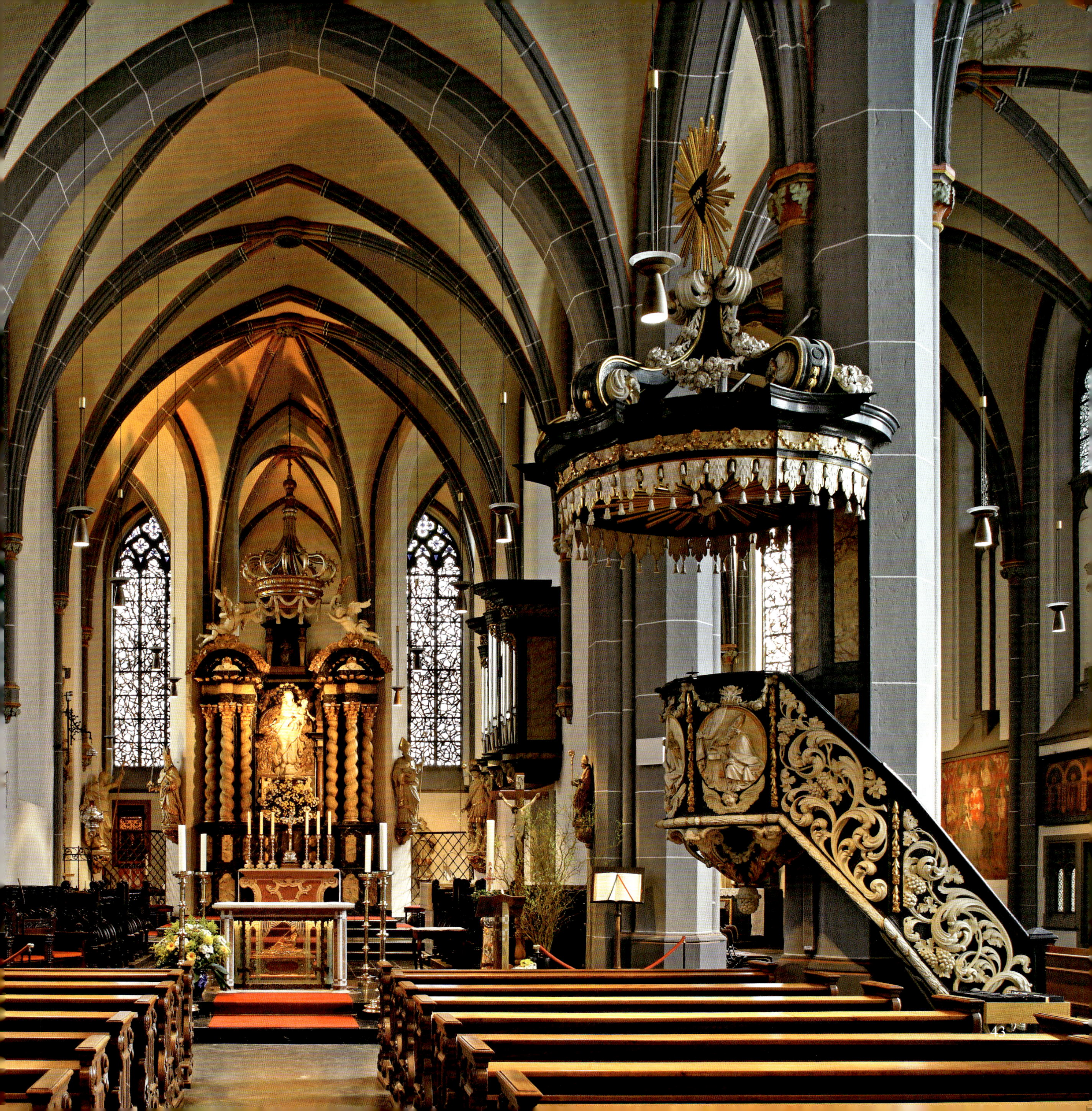

Sankt Andreas in der Altstadt war die Hofkirche des Hauses Pfalz-Neuburg. Durch ihre Architektur zählt sie zu den interessantesten Bauten der ausgehenden deutschen Renaissance und des beginnenden Barock. Das Gebäude entstand auf Anregung der 1619 nach Düsseldorf gekommenen Jesuiten und wurde nach nur sieben Jahren Bauzeit unter Herzog Wolfgang Wilhelm 1629 vollendet. Nach mehreren Erweiterungen erhielt die Kirche 1708 den Titel „Hofkirche". Das innere Aussehen bestimmt eine dreischiffige Emporenhalle, deren Kreuzrippengewölbe zusammen mit den Stuckarbeiten der Deckenpartien besonders auffällig sind. Thematisiert werden hier die Dreifaltigkeit, die Engel, Patriarchen, Propheten, Evangelisten und heilige Monarchen, das „Jüngste Gericht" sowie die Heiligen der Kirche. An den Kirchenwänden und Pfeilern befinden sich lebensgroße Apostelfiguren, so dass der Gläubige im gesamten Kirchenraum von Heiligen umgeben ist. Im Mausoleum, das erst im 19. Jahrhundert seine endgültige Form erhielt, stehen die Sarkophage von sieben Mitgliedern des herzoglichen Hauses Pfalz-Neuburg, darunter auch der reichgeschmückte Zinnsarkophag des 1716 verstorbenen Kurfürsten Jan Wellem.

45

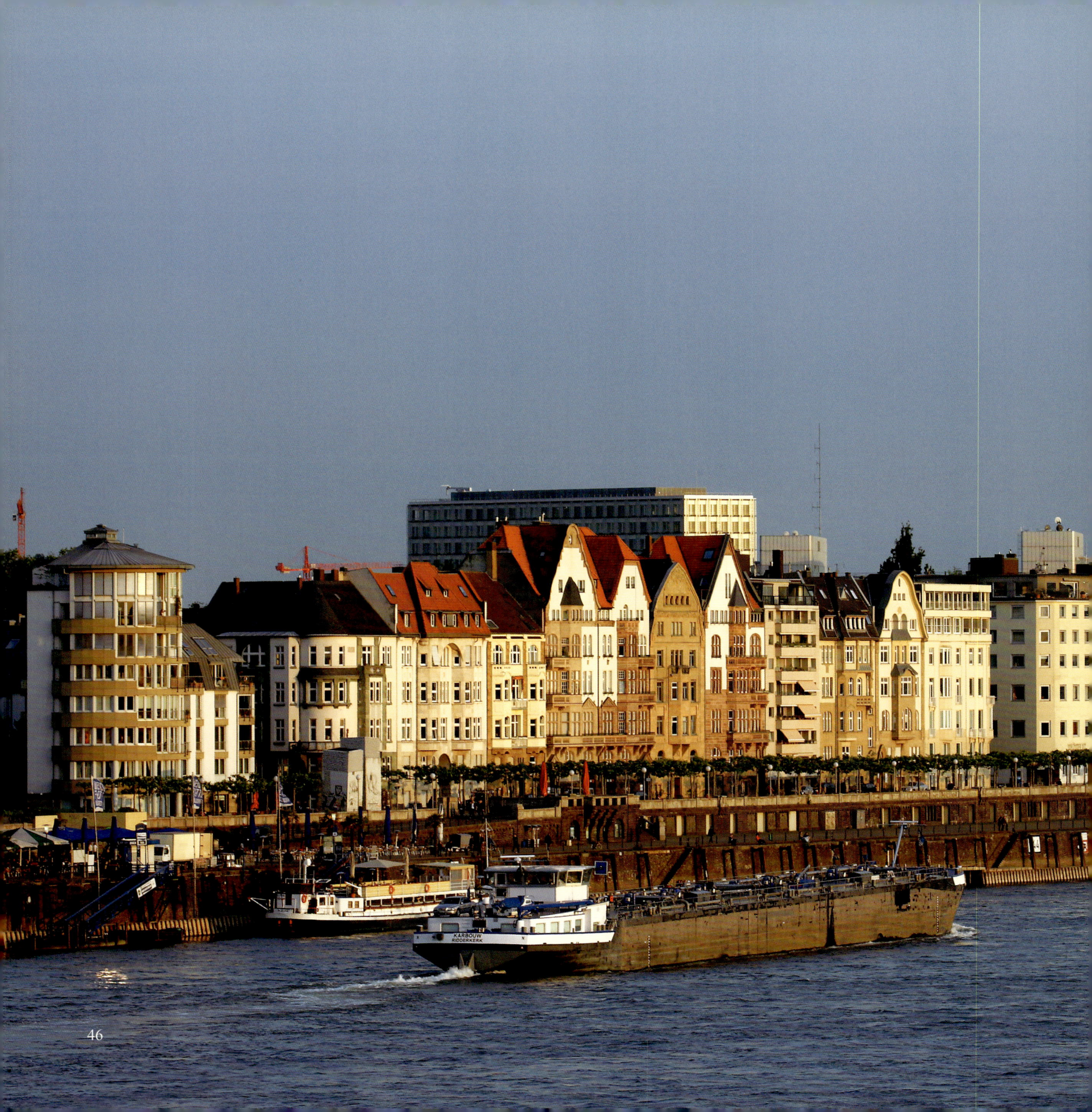

Im 19. Jahrhundert befanden sich die Häuser der Altstadt noch direkt am Fluss, wodurch Keller oder ganze Gebäude durch das Rheinhochwasser oftmals unbewohnbar wurden. Um dies zu verhindern, nahm man um 1900 eine Ufervorverlegung vor und errichtete dabei zwei Ebenen. Die untere Rheinwerft diente mit ihren Kränen und anderen Einrichtungen der Abfertigung des Schiffsverkehrs, die obere Rheinwerft wurde als Promenade gestaltet. Nach dem Zweiten Weltkrieg trennte hier die mehrspurige Bundesstraße 1 Fluss und Stadt. Nach dem Bau des Rheinufertunnels konnte 1995 mit einer Million Besuchern die Promenade festlich eröffnet werden. Die gelungene Neugestaltung nach den Plänen des Düsseldorfer Architekten Nikolaus Fritschi wurde mehrfach prämiert, u.a. 1998 mit dem Deutschen Städtebaupreis. Die Rheinuferpromenade besteht aus den Abschnitten Tonhallenufer, Schlossufer, Rathausufer und Mannesmannufer. Das letztere wird von den Verwaltungsbauten des ehemaligen Mannesmann-Konzerns dominiert, zu denen neben dem 1911 von Peter Behrens errichteten Mannesmann-Haus auch das 1956–1958 geplante und gebaute Mannesmann-Hochhaus, das heutige „Vodafone-Hochhaus", gehört. Die deutschen Architekten Egon Eiermann und Paul Schneider-Esleben entwarfen damals dieses erste deutsche mit einer Stahlrohr-Tragkonstruktion versehene Hochhaus. Zur Hervorhebung des Gebäudes ist die Rheinuferpromenade hier durch einen anderen Belag gekennzeichnet, auch ist die Baumallee an dieser Stelle ebenso wie am Alten Hafen und am Burgplatz unterbrochen.

Ebenfalls am Rheinufer, jedoch weiter nördlich gelegen, befinden sich mit dem Oberlandesgericht und dem Sitz der Bezirksregierung zwei neobarocke Bauten, deren schlossähnliche Monumentalität den bevorzugten Stil preußischer Hoheitsbauten seit dem architektonischen Wettbewerb für den Berliner Reichstag belegt. Das Regierungsgebäude wurde 1907–1911 nach dem Bautyp mehrflügeliger, um Innenhöfe gruppierter Barockschlossanlagen errichtet. Das Land Nordrhein-Westfalen verfügt über fünf Regierungsbezirke, von denen Düsseldorf flächenmäßig zwar der kleinste, von den Einwohnern jedoch der größte ist.

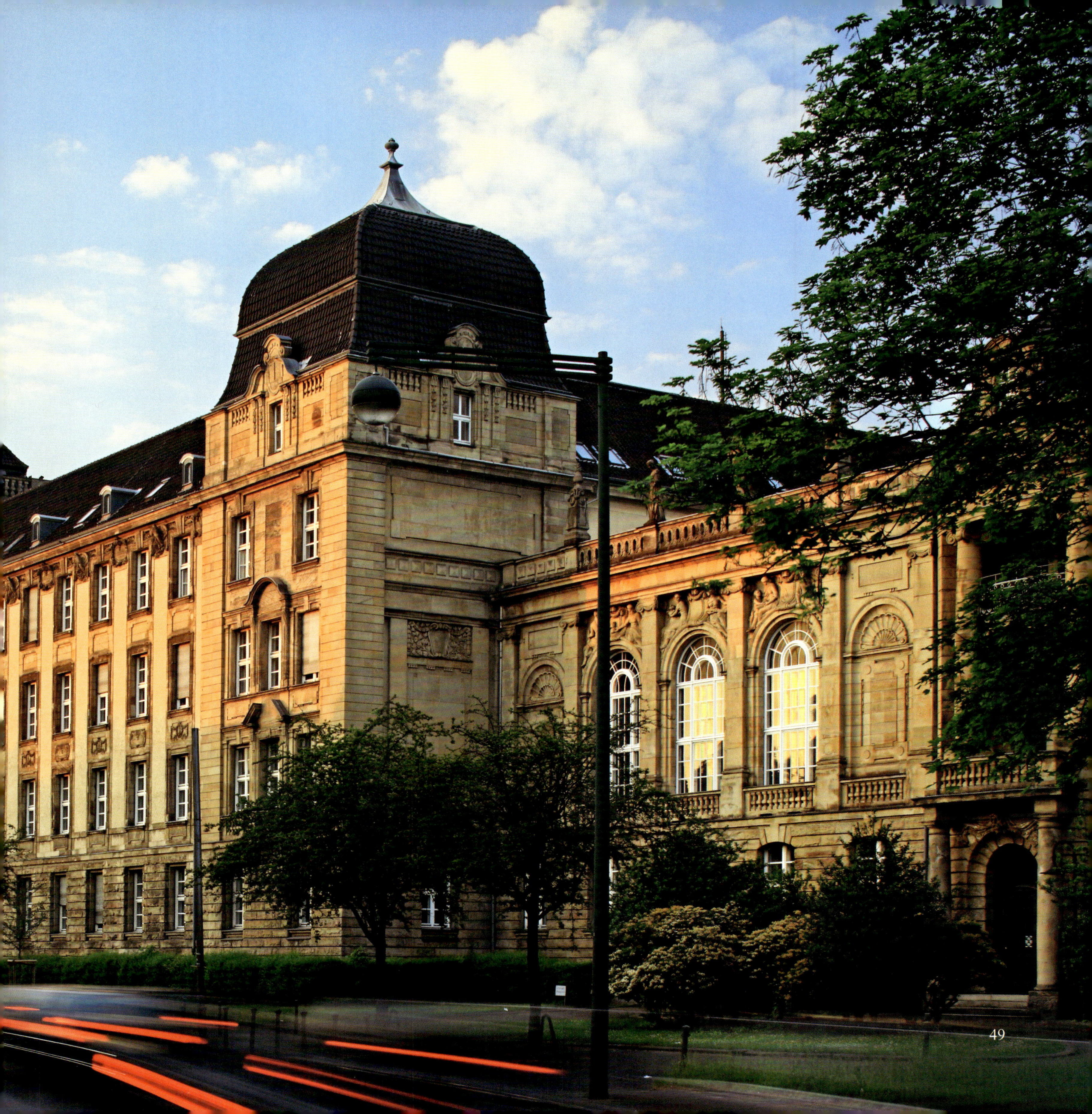

$\mathcal{D}$as Haus des nordrhein-westfälischen Landtags wurde am 2.10.1988 eingeweiht, nachdem die Volksvertreter zuvor im beengten Ständehaus getagt hatten. Seine außergewöhnliche architektonische Konzeption geht auf den Wunsch zurück, dass Inhalt und Sinn des Hauses mit der inneren und äußeren Form übereinstimmen sollten. Die aus einem Wettbewerb als Sieger hervorgegangenen Architekten Eller, Maier, Walter und Partner legten als Ausgangspunkt jeder Formgebung den kreisrunden Plenarsaal fest. Das Gebäude selber zeigt eine zurückhaltende Fassadengestaltung in Sandstein und fügt sich damit in die Tradition öffentlicher Düsseldorfer Bauten ein. Die Verwendung von Kupfer signalisiert nach den Vorstellungen der Architekten Kontinuität und Dauer.

51

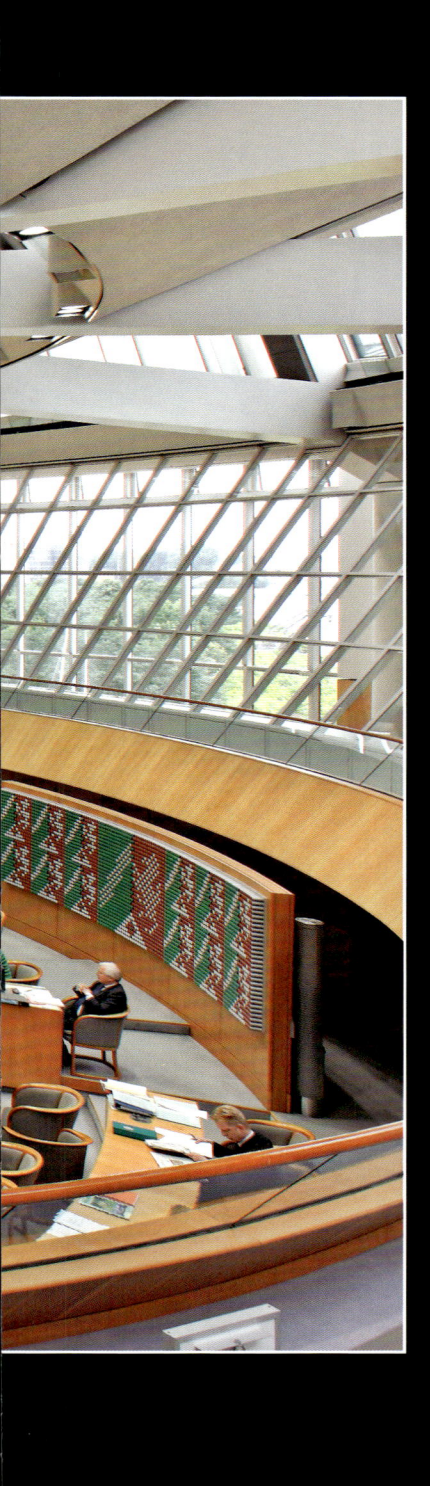

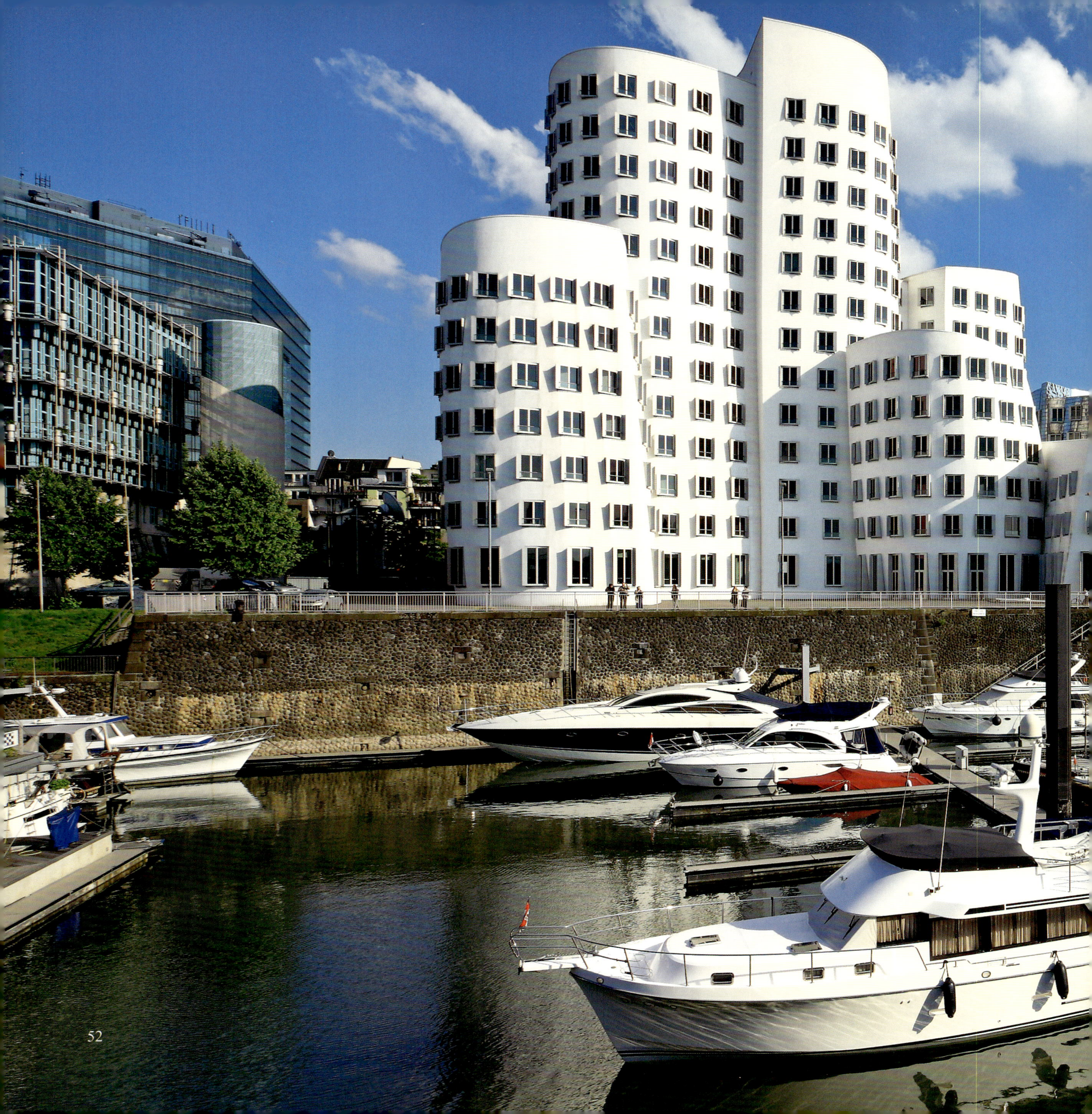

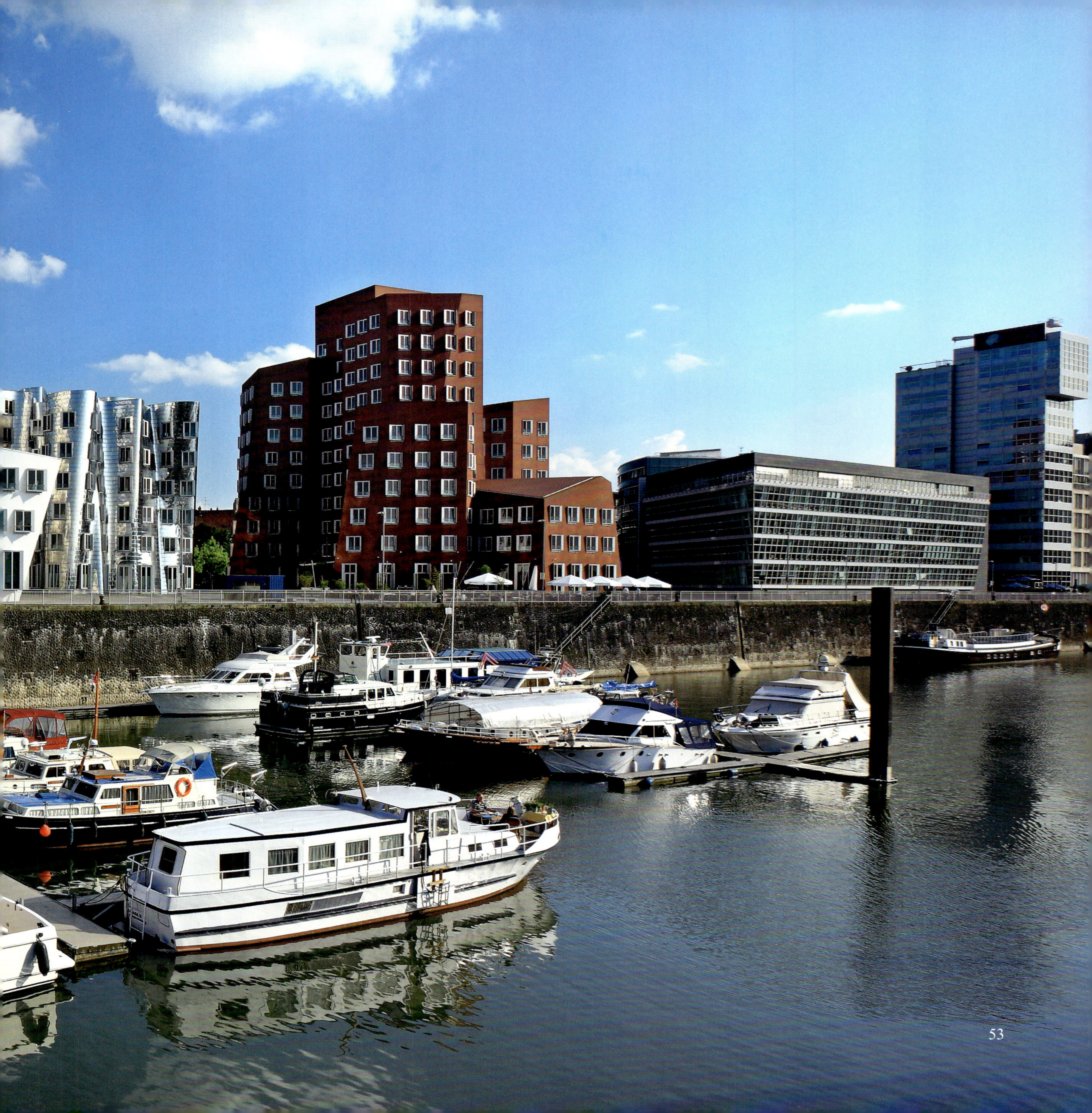

*Vorangegangene Doppelseite: S. 52/53
Die drei Gebäude des neuen Zollhofs im MedienHafen*

Einen unvergleichlichen und unvergesslichen Blick genießt man vom Rheinturm, der sich unmittelbar am Strom zwischen dem Landtag und dem MedienHafen befindet. Seit seiner Fertigstellung im Jahre 1982 prägt der Funkturm mit seinen 240,5 Metern die Rheinkulisse und ist durch seine Aussichtsplattform und ein sich drehendes Restaurant eine beliebte Attraktion für Düsseldorfer und Touristen. Von hier aus hat man an klaren Tagen eine eindrucksvolle Sicht, die über die gesamte Stadt hinaus ins Bergische Land und nach Köln reicht. Aus dieser Höhe ist auch die städtebauliche Entwicklung des MedienHafens gut zu sehen. Vor einer kleinen Marina befindet sich das 1991 fertiggestellte Landesstudio des WDR, dessen Gebäudegrundriss ein asymmetrisches „U" zugrunde liegt. Seine geöffnete Seite wendet sich mit der Eingangshalle dem Landtag, der Stadt und dem Rhein zu, wobei der massive und nach außen gestellte Sockel des Gebäudes an ein Schiff erinnert. Direkt daneben liegt der Neue Zollhof, dessen mittleres Haus mit seiner aus polierten Aluminiumplatten bestehenden Fassade das verbindende Element zwischen den drei singulären Gebäuden darstellt. Nicht nur das ihnen übergeordnete Prinzip der Asymmetrie verbindet die einzelnen Elemente dieses Gebäudekomplexes, sondern auch die Abbilder der beiden äußeren Häuser, welche sich im mittleren spiegeln.

Direkt am Beginn der Medienmeile im ehemaligen Wirtschaftshafen befindet sich mit dem 1999 fertiggestellten Neuen Zollhof des amerikanischen Architekten Frank O. Gehry die prominenteste moderne Düsseldorfer Architektur. Die drei skulptural wirkenden Bürogebäude werden durch eine ungewöhnliche Asymmetrie der Baukörper sowie den Kontrast der jeweils verwendeten Fassadenmaterialien gekennzeichnet. Je nach Standort des Betrachters und abhängig von Licht- und Tagesstimmung ergeben sich unerwartet faszinierende Ansichten des Ensembles.

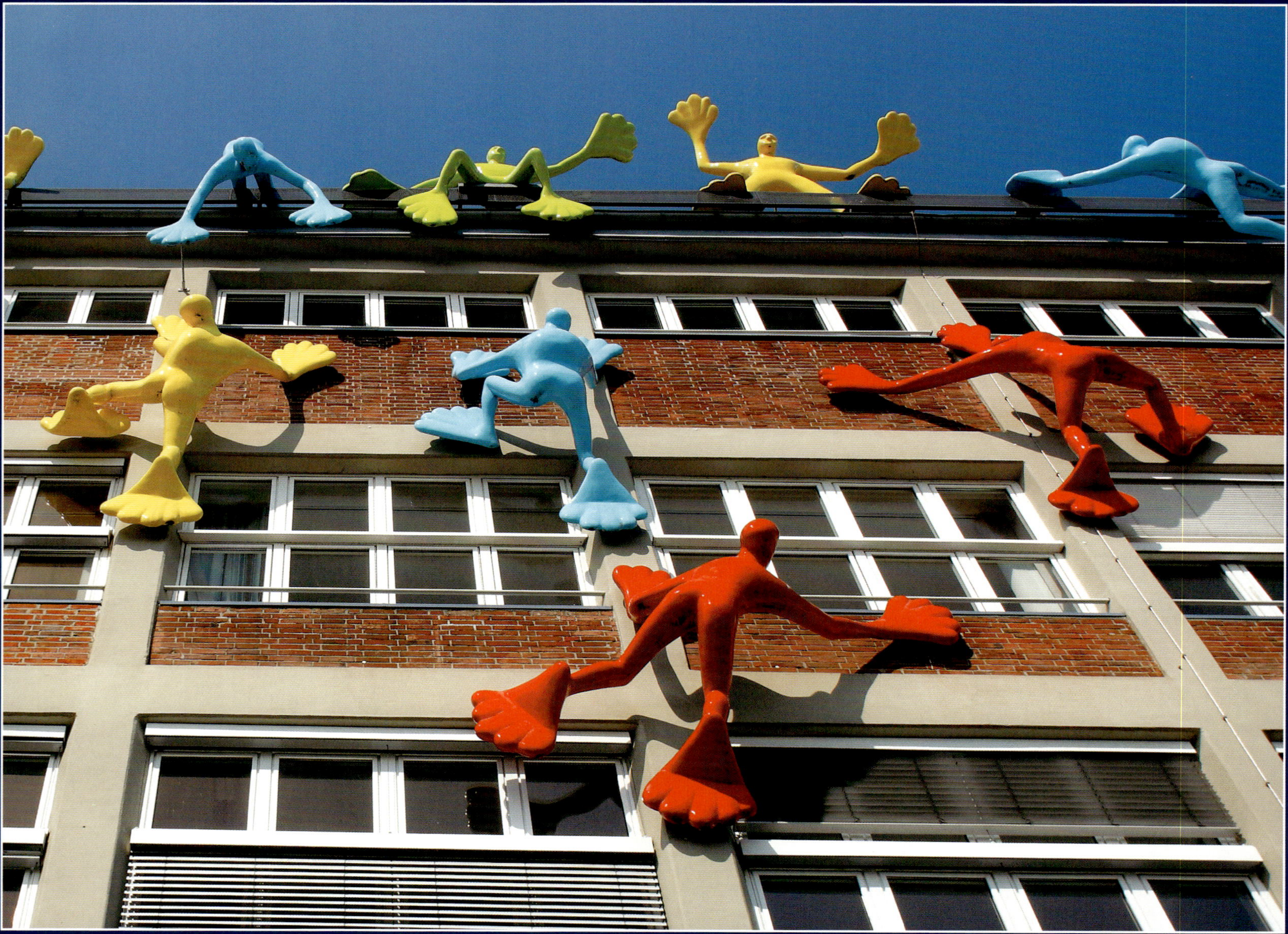

Auf der gegenüberliegenden Seite des Hafenbeckens befindet sich ein abwechslungsreicher Mix aus restaurierter alter Architektur und zeitgenössischen Neubauten. Dominiert wird die Gebäudestrecke von der denkmalgeschützten „Alten Mälzerei" der Dortmunder-Union-Kronen-Brauerei, die ehemals als Speicher und Gerstenhandlung genutzt wurde. Das benachbarte Colorium ist mit 62 Metern das derzeit höchste Gebäude im Hafen und setzt mit seiner Farbigkeit und dem roten, zum Hafenbecken überragenden Technikgeschoss einen deutlichen Akzent. Ebenso auffällig ist das Roggendorf-Haus, ein ehemaliger Hafenspeicher, an dessen Fassade die „Flossies", Kunststofffiguren der Stuttgarter Künstlerin Rosalie, emporklettern.

Bevor der Westdeutsche Rundfunk seinen neuen Standort 1991 in Betrieb nehmen konnte, nutzte er bis 1974 eine Villa im Düsseldorfer Stadtteil Düsseltal. Danach wurden Räumlichkeiten im Haus der Rheinisch-Westfälische-Immobilien-Anlage-Gesellschaft mbH (RWI) bezogen, das nur unweit des heutigen Standortes liegt. Die Entscheidung, ein eigenes Haus an der Stromstraße zu errichten, ging zurück auf die Notwendigkeit der regionalen Präsenz, die für den WDR als eine der größten deutschen Rundfunkanstalten eine immer wichtigere Rolle spielte. Um die Arbeit vor Ort zu verbessern, wurden außer in Düsseldorf auch in Köln, Münster, Bielefeld und Dortmund Landesstudios eröffnet, die seitdem in Hörfunk- und Fernseh-Sendungen jeweils ihre Region mit Informationen versorgen. Im Landesstudio Düsseldorf, dem zweitgrößten in Nordrhein-Westfalen, produzieren 280 Festangestellte und etwa 500 freie Mitarbeiter auf ca. 10.000 qm pro Tag anderthalb Stunden Radio- und drei Stunden Fernsehprogramm. Das Gebäude, dessen 25 Meter hohe verglaste Eingangshalle an die Form eines Nostalgie-Radios erinnert, kann nach Absprache auch besichtigt werden.

Eines der faszinierendsten Düsseldorfer Hochhäuser befindet sich im Stadtteil Bilk in unmittelbarer Nähe zum Landtag. Sein Name „Stadttor" leitet sich von seiner Lage oberhalb der Einfahrt zum Rheinufertunnel ab, den täglich 55.000 Fahrzeuge passieren, um in die Düsseldorfer Innenstadt zu gelangen oder sie zu verlassen. Darüber hinaus wird das fast vollkommen verglaste Gebäude von einer 65 Meter hohen zentralen und von außen sichtbaren Halle dominiert, die den Zugang zur Stadt wie durch einen Tordurchgang auch noch optisch unterstreicht. Das Hochhaus wurde 1992–1998 vom Architekturbüro Petzinka, Overdiek und Partner auf einem Grundriss, der einem Parallelogramm entspricht, errichtet. Neben dem außergewöhnlichen Aussehen, der Lage und Bauweise ist der Umgang mit den thermischen Bedingungen, die ein Gebäude mit großen Glasflächen immer vor besondere Herausforderungen stellt, ungewöhnlich. Verschiedenste konstruktive Maßnahmen optimieren hier auf natürlichem Wege das Klima. Prominentester Mieter im Stadttor ist die nordrhein-westfälische Staatskanzlei mit dem Büro des Ministerpräsidenten. Weitere Nutzer der sich auf drei Attika- und 15 Regelgeschosse verteilenden 27.000 qm Bürofläche sind Immobilienmakler, Unternehmensberater und Anwaltskanzleien. Die planerischen Leistungen des Architekturbüros Petzinka, Overdiek und Partner erfuhren 1998 auf der MIPIM, der weltweit größten Architektur- und Immobilienausstellung in Cannes, besondere Ehrung. Erstmals erhielt mit dem Stadttor ein Bauwerk sowohl den MIPIM Award für das beste Bürogebäude als auch den Preis der Jury für das beste Gebäude überhaupt.

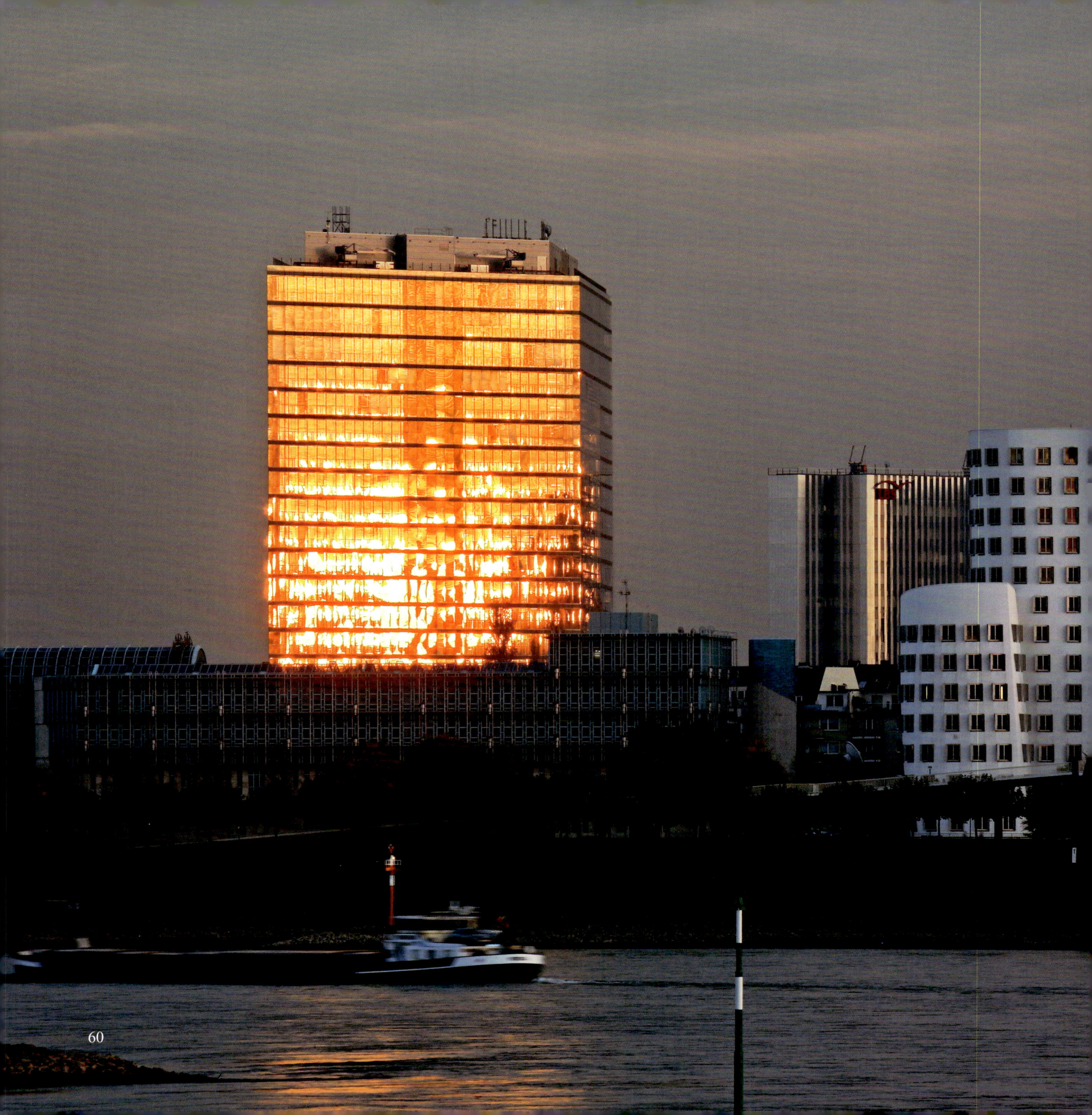

$\mathcal{B}$esonders an den Abenden im Sommer, wenn die Sonne die letzten goldenen Strahlen über die Rheinkulissse wirft, kann man von der Oberkasseler Seite aus sehen und fühlen, wie schön diese kleine Weltstadt doch ist. Von Nord nach Süd reihen sich alte Baukunst und neue Architektur, Kultur und Wirtschaft, Orte voller Geschichte und die vor Lebensfreude überbordende Szene aneinander. Und an allem fließt der Strom gemächlich vorbei. Uralt und doch immer wieder neu. In vielerlei Hinsicht hatte der Fluss für Düsseldorf schon immer eine große Bedeutung. Fritz Henkel, Begründer eines der großen deutschen Unternehmen, verlegte 1878 seinen Firmensitz von Aachen nach Düsseldorf, weil der Rhein als Europas größter Verkehrsstrom von entscheidender Bedeutung für wirtschaftliche Prosperität war. Auch heute noch passieren ca. 150.000 Schiffe jährlich auf dem Rhein Düsseldorf, damit Güter und Rohstoffe die Märkte dieser Welt erreichen. Für die Landeshauptstadt ist der Strom längst zur Marke geworden.

$\mathcal{D}$as Museum K21 in der Friedrichstadt beherbergt die hochrangigen Werke zeitgenössischer Kunst des Landes Nordrhein-Westfalen, die bis ca. 1980 entstanden sind. Bei dem Gebäude handelt es sich um das Ständehaus des ehemaligen preußischen Provinziallandtags des Rheinlandes in Düsseldorf. Das Haus wurde zwischen 1876 und 1880 nach den Plänen des Architekten Julius Carl Raschdorff errichtet und 1880 von den Delegierten bezogen. Der Landtag von Nordrhein-Westfalen nutzte den Bau ab 1949 und blieb hier 39 Jahre bis zu seinem Umzug in das neue Parlamentsgebäude am Rhein. Mit seiner differenziert gestalteten Fassade orientiert sich die Formensprache des Ständehauses an der Architektur der italienischen Hochrenaissance, wobei jedoch die im Krieg zerstörte Backsteinverblendung des Hauptgeschosses Zutat des 19. Jahrhunderts ist. Aus baugeschichtlicher Sicht handelt es sich bei dem Gebäude um ein hervorragendes Beispiel des Historismus in Düsseldorf.

$\mathcal{D}$as Konzept für die Skulpturengruppe „Vater Rhein und seine Töchter" am Kaiserteich vor dem Eingang des ehemaligen Ständehauses wurde 1884 anlässlich des Besuches von Kaiser Wilhelm I. entwickelt. Die für die aufwändigen Festdekorationen verantwortlichen Düsseldorfer Bildhauer Karl Janssen und Joseph Tüshaus erhielten 1886 den Auftrag, ihr Werk in Bronze umzusetzen. 1897 wurde schließlich die monumentale Huldigung der Rheinprovinz an den Kaiser enthüllt. Im Mittelpunkt der Darstellung, die in Zusammenhang mit dem plastischen Schmuck des Ständehauses zu sehen ist, erhebt sich die bärtige Gestalt des Rheins als Personifizierung der preußischen Rheinprovinz. Die weiblichen Figuren zu seinen Füßen sind Allegorien der Nebenflüsse und zugleich als Anspielungen auf die Kaiserhuldigung zu verstehen.

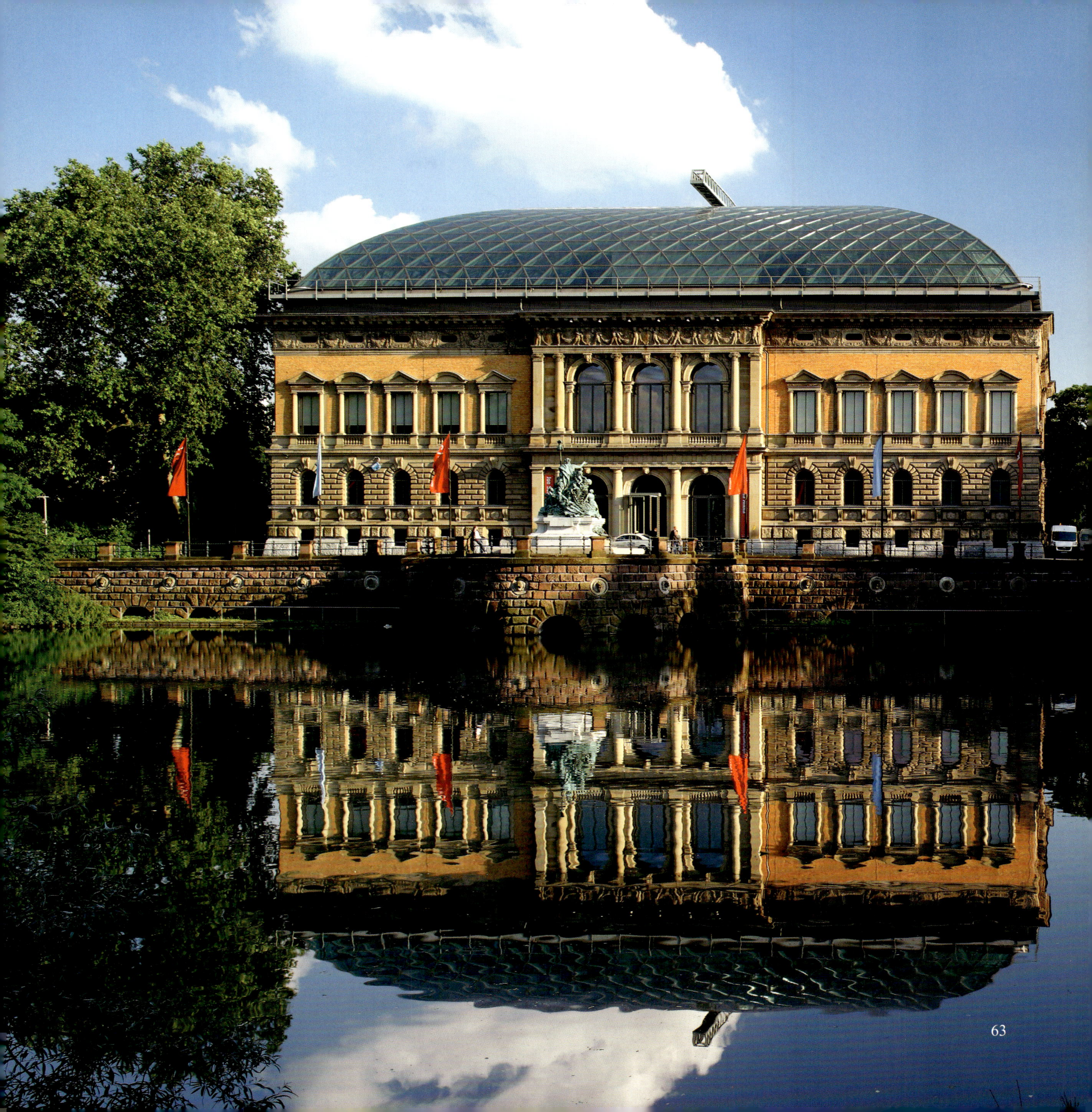

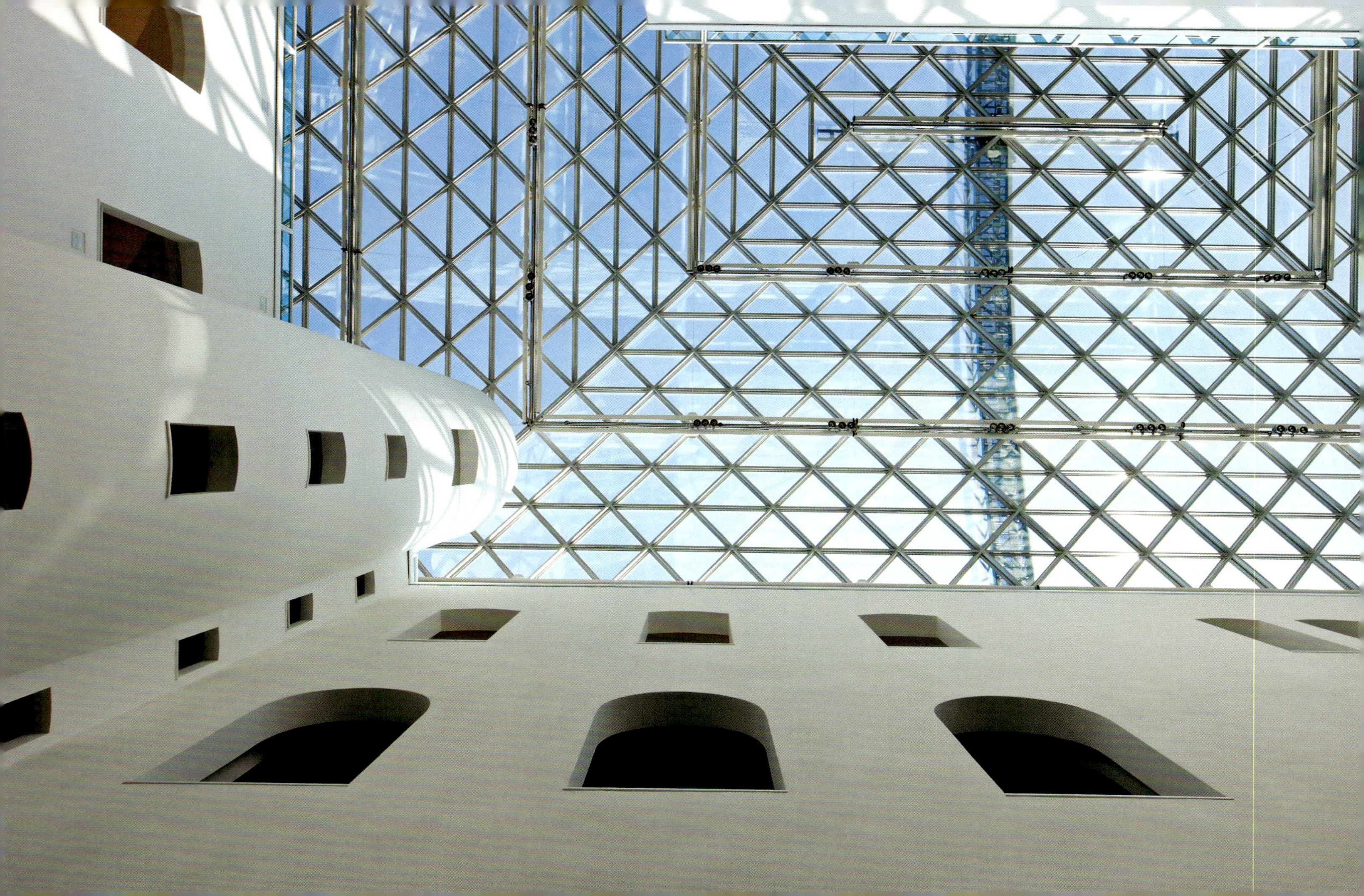

Nachdem 1988 der Landtag sein neues Domizil am Rheinufer bezog, drohte dem ehemaligen Ständehaus der Verfall und letztlich sogar der Abriss. Seine 1995 begonnene Revitalisierung als Museum ging zwar mit erheblichen Veränderungen in der Bausubstanz einher, jedoch offenbarte das vom Münchner Architekturbüro Kiessler + Partner umgebaute Haus nach seiner Fertigstellung eine faszinierende Synthese aus altem Bestand und neuer Architektur. Augenfällig wird dies neben der großen Piazza im Gebäudeinneren insbesondere an der Stahl-Glas-Konstruktion, die das Gebäude auf einer Fläche von 45 x 54 Metern stützenfrei überspannt und ein außergewöhnlich lichtdurchflutetes Dachgeschoss schafft. Die im Museum auf 5.300 qm präsentierte Kunstsammlung schließt zeitlich an jene des Haupthauses K20 am Grabbeplatz an und umfasst herausragende Werke der neueren und aktuellen Kunst. Der Fokus des Bestandes liegt dabei neben der Skulptur auf der Objektkunst und der Fotografie, wobei insbesondere die große Anzahl von Arbeiten deutscher Künstler ihre Vernetzung in der globalen Kunstszene verdeutlicht. Eckpunkte der Sammlung bilden Werke von Kunstschaffenden wie Katharina Fritsch, Robert Gober, Paul McCarthy, Reinhard Mucha, Thomas Ruff, Thomas Schütte, Jeff Wall und Franz West. Neben der Sammlungspflege finden im K21 aber auch hochkarätige Wechselausstellungen zeitgenössischer Kunst sowie vielfältige kulturelle Veranstaltungen statt. Das Museum stellt heute eines der beeindruckendsten Museumsgebäude der Region dar, was von der wunderbaren Lage am Kaiserteich nachdrücklich unterstrichen wird.

Seit 1836 werden in Düsseldorf Pferderennen veranstaltet. Was zunächst nur als Anreiz zur Pferdezucht gedacht war, stieß in den ersten Jahren auf eine so große Begeisterung innerhalb der Bevölkerung, dass 1844 die Gründung des Düsseldorfer Reiter- und Rennvereins folgte. Zunächst wurden Rennen an verschiedenen Orten in Düsseldorf ausgetragen, bis die Lausward-Wiesen als feste Austragungsstätte zur Verfügung standen. 1891 wurde hier zum ersten Mal der Große Preis von Düsseldorf, das traditionsreichste aller bis heute durchgeführten Rennen, ausgetragen. Ab 1905 suchte der Verein dann nach einem neuen Domizil, da der wirtschaftliche Aufschwung einen Ausbau des Hafens erforderlich machte. Er fand ihn im wunderschönen Grafenberger Wald, wo am 15. Mai 1909 die Einweihung der Rennbahn stattfand. Wie im englischen Ascot laufen auch hier die Pferde auf einem Dreieckskurs im hügeligen Gelände. 2007 sahen 95.100 begeisterte Zuschauer die 10 ausgetragenen Rennen, von denen der „Henkel-Preis der Diana (Deutsches Stutenderby – German Oaks)" das bedeutendste sportliche Ereignis darstellt.

67

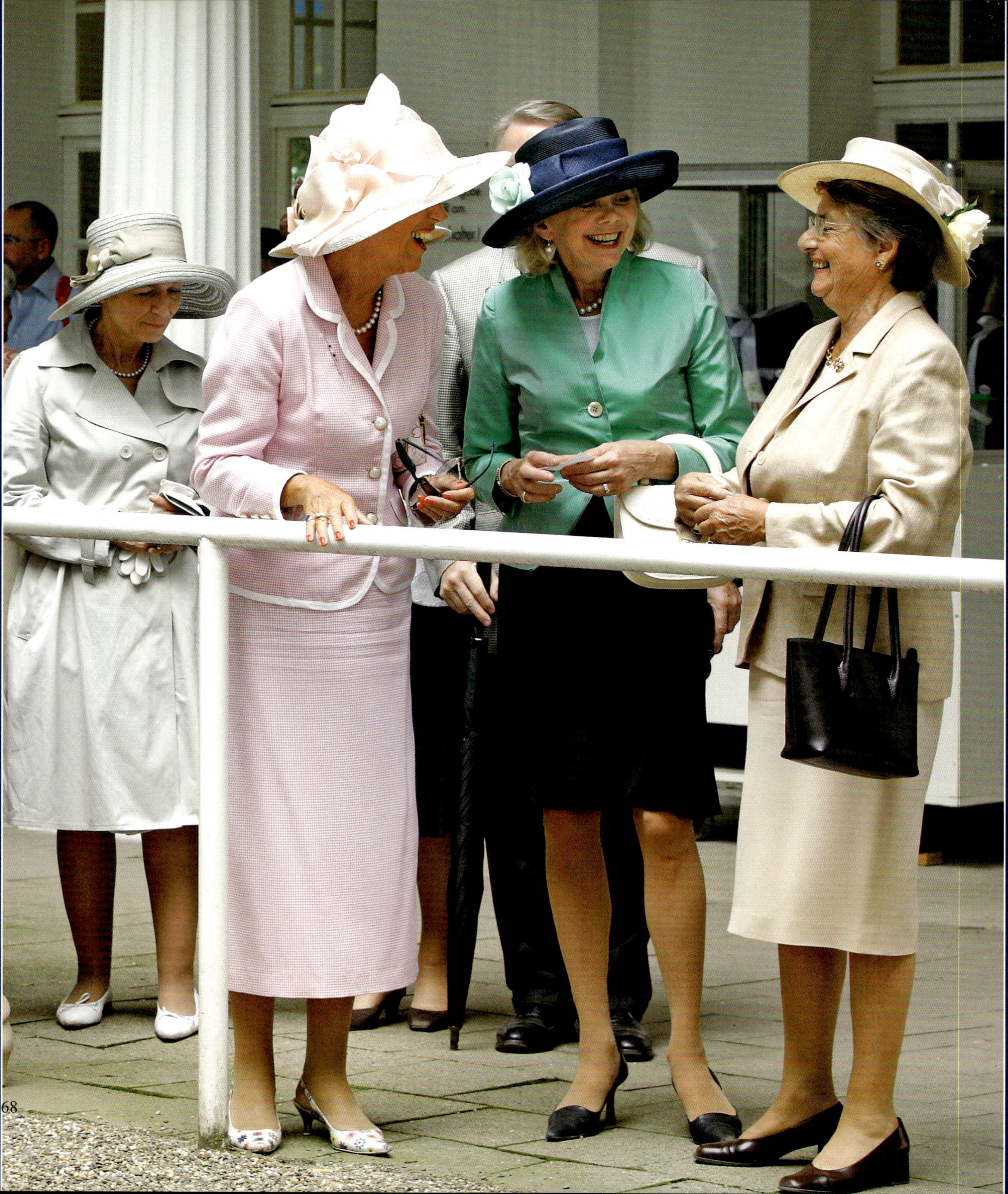

Stilvolle Mode wird in Düsseldorf nicht nur auf den Messen oder auf der Königsallee getragen. Auch an den Renntagen beim traditionsreichen Düsseldorfer Reiter- und Rennverein 1844 e.V. in Grafenberg kann man klassische und extrovertierte Couture bewundern. Ausgefallene Damenhüte, wie beim englischen Royal Ascot, sind besonders beliebt.

Die Prominenz gab sich auf der Rennbahn schon immer ein Stelldichein. 1955 besuchte Prinz Aly Khan, der pakistanische UNO-Delegierte und Amateurjockey, die Anlage, um den ersten Deutschlandauftritt des legendären britischen Reiters Lester Piggott zu sehen und 1956 verfolgte hier Winston Churchill das Rennen seines Schimmels Le Pretendant. Unter den Zuschauern befanden sich bei spannenden Galopprennen neben der Düsseldorfer Prominenz und internationalen „Stars" auch oftmals deutsche Bundespräsidenten wie Heinrich Lübke, Walter Scheel, Richard von Weizsäcker und Johannes Rau. Attraktiv ist die Rennbahn heute auch für Lena Gercke und Barbara Meier, den German Next Top Models.

𝒟er Sport hat in Düsseldorf einen ganz hohen Stellenwert. Zusätzlich zu den vielen Möglichkeiten, die der Rhein oder die umliegenden Wälder bereithalten, bieten Spitzenclubs und Traditionsvereine neben den beliebten Sportarten wie Fußball und Tennis auch die Gelegenheit, sich ausgefallenen Freizeitaktivitäten wie Lacross oder Curling zu widmen. In den obersten Bundesligen sind im Tennis der auch internationale Turniere wie den World Team Cup ausrichtende Rochus-Club, beim Eishockey die DEG Metro Stars und vielleicht auch irgendwann im Fußball wieder Fortuna Düsseldorf, hier gegen Dynamo Dresden, zu Hause. Das vielleicht außergewöhnlichste Sportereignis ist die Austragung des FIS Skilanglauf-Weltcup am Rhein. Auf der Rheinuferpromenade vor der Altstadtkulisse wird alljährlich im Dezember ein aufwendiger Parcours mit Kunstschnee aufgebracht, auf dem um Sieg und Punkte gekämpft wird. In den letzten Jahren sahen über 300.000 Begeisterte dieses besondere sportliche Highlight.

71

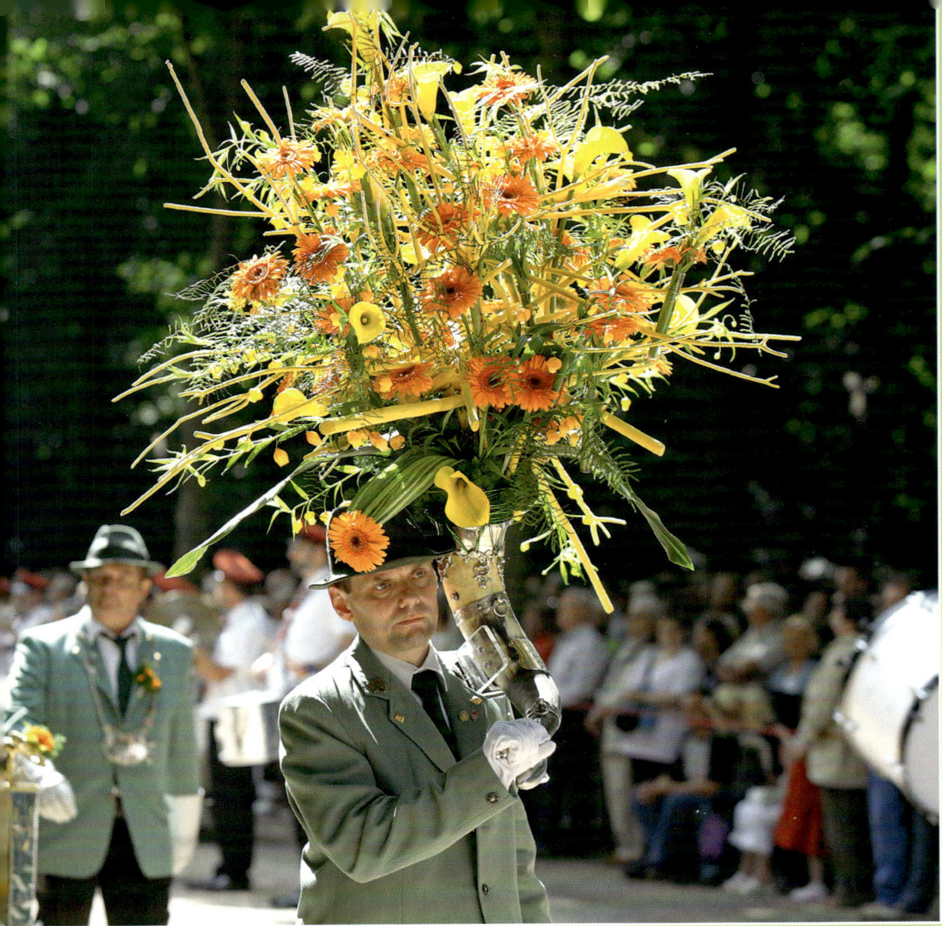

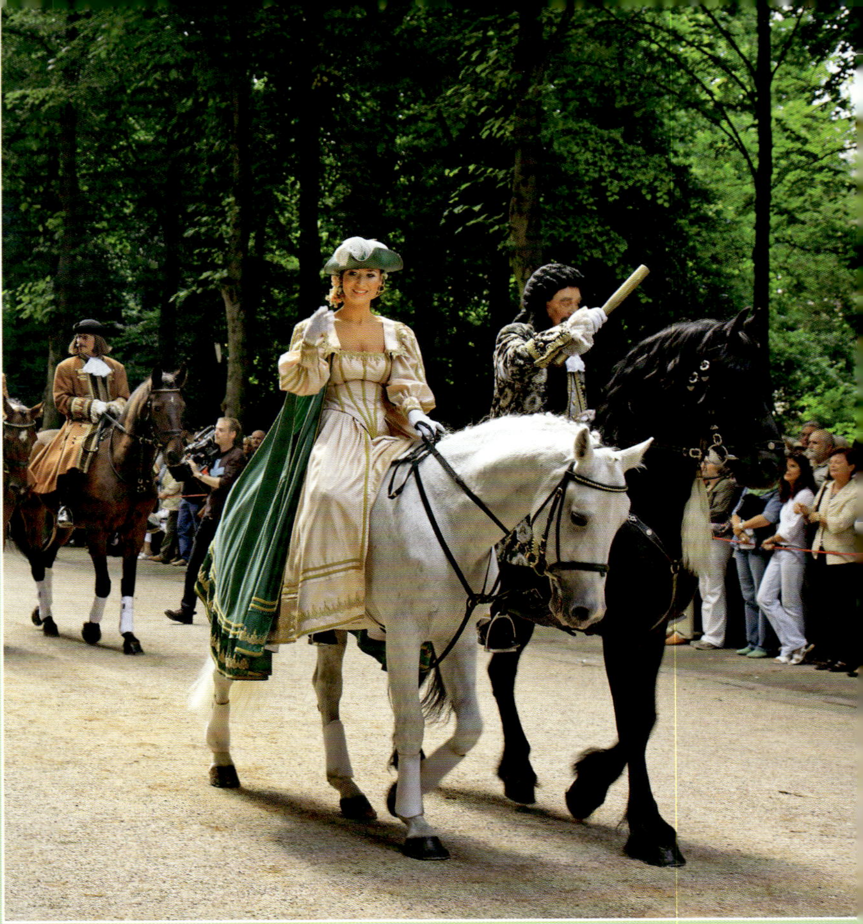

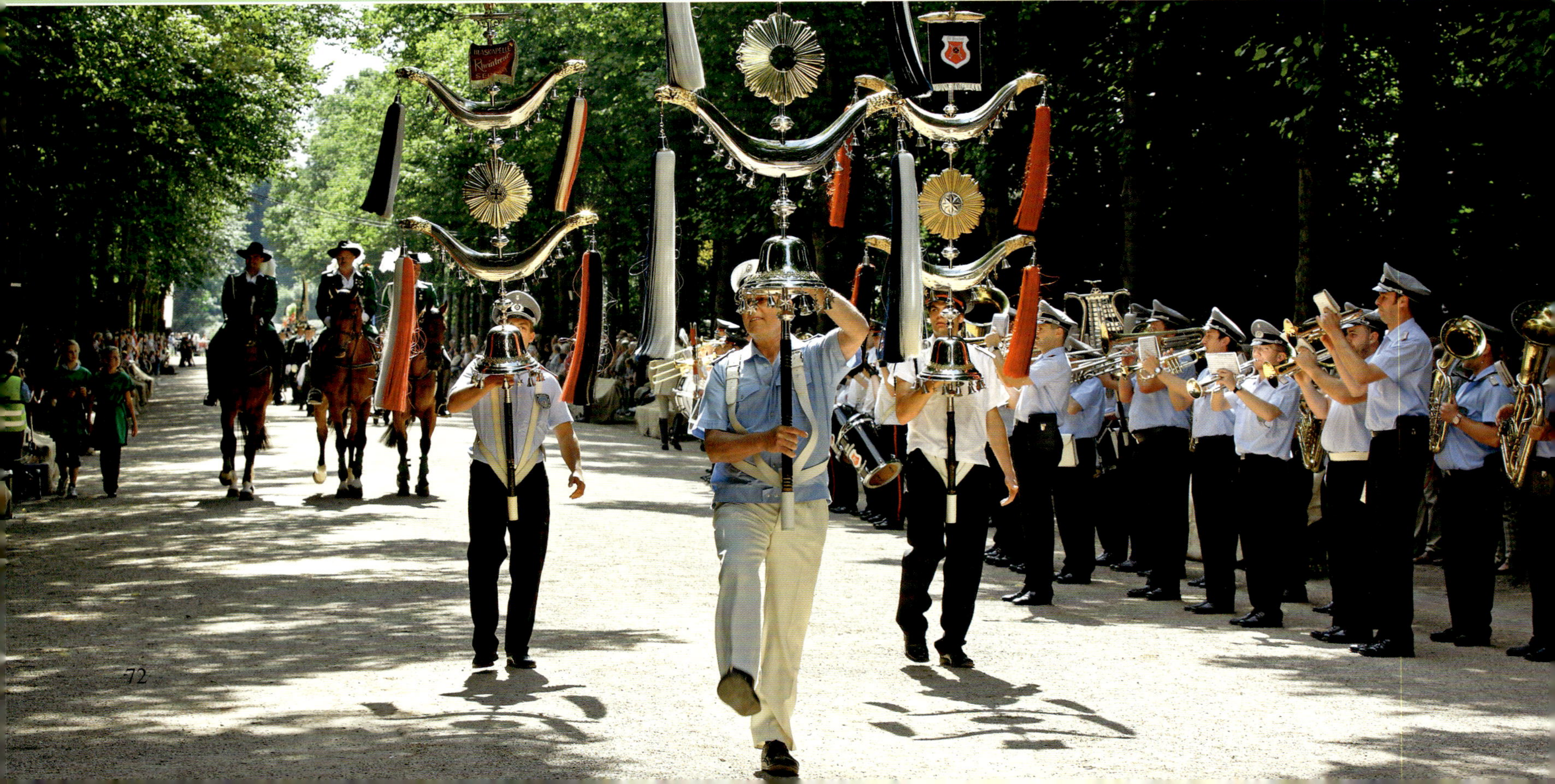

Die Düsseldorfer lieben nicht nur das Neue, sondern fühlen sich auch den traditionellen Bräuchen sehr verpflichtet. Neben den radschlagenden Kindern und dem Karneval sind die aus den mittelalterlichen Bürgerwehren entstandenen Schützenvereine aus dem gesellschaftlichen Leben der Stadt nicht wegzudenken. Einer der prominentesten Vereine ist der St. Sebastianus Schützenverein Düsseldorf von 1316 e.V., der alljährlich im Juli sein Fest feiert und in seiner Historie sogar Kurfürst Jan Wellem als Schützenkönig der Jahre 1681 und 1685 führt. Das von ihm gestiftete „Königsschild" befindet sich heute im Stadtmuseum. Ein Bestandteil des heutigen Schützenfestes ist die vom Verein organisierte „Große Kirmes am Rhein", zu der regelmäßig mehrere Millionen Menschen strömen. Der Schützenumzug erfolgt seit 1824 mit mehr als 2.000 uniformierten Personen, teilweise auf Pferden und in historischen Kostümen, unzähligen Musikkapellen und Kutschen auf der Reitallee im Hofgarten. Dabei passieren die Akteure auch den Runden Weiher, das ehemalige Bassin des Hofgartens. Die heutige Fontäne stammt aus dem Jahre 1898 und entspringt einer mythologischen Figur, die wegen ihrer grünen Patina von den Düsseldorfern als „De Gröne Jong" bezeichnet wird. Es handelt sich dabei um Triton, der als griechischer Gott der Meere auf einem Felsen sitzt und vor einem mächtigen Wasserstrahl zurückweicht, der von einem aus der Tiefe auftauchenden Nilpferd ausgestoßen wird.

Das im Besitz des 1848 gegründeten Künstlervereins Malkasten befindliche ehemalige Wohnhaus des Philosophen Friedrich Heinrich Jacobi, das Jacobihaus, lag noch im 19. Jahrhundert vor den Toren der Stadt Düsseldorf und hat sich bis heute durch seinen angrenzenden großen Park den beschaulichen Charakter eines Refugiums bewahrt. Hier, auf dem Landsitz der Familie Jacobi am östlichen Rande des Hofgartens, hielt sich Johann Wolfgang von Goethe während seiner Besuche in Düsseldorf in den Jahren 1774 und 1792 auf. Das auf einen Gebäudekomplex des 18. Jahrhunderts zurückgehende Jacobihaus wechselte 1861 endgültig in den Besitz des Künstlervereins Malkasten über, der es seitdem zusammen mit dem direkt an den historischen Wohnsitz der Jacobis anschließenden modernen Vereinshaus für sein vielfältiges und ambitioniertes Veranstaltungs- und Ausstellungsprogramm nutzt.

Im 18. Jahrhundert grenzten die Gartengrundstücke von Schloss Jägerhof und Jacobihaus noch direkt aneinander. Heute sind sie zwar durch die städtische Bebauung einen Steinwurf voneinander getrennt, zusammen bilden sie jedoch den östlichen Abschluss des Hofgartens. Kurfürst Carl Theodor ließ das Schloss nach Entwürfen des Baumeisters Johann Joseph Couven aus dem Jahre 1748 errichten, die vermutlich von seinem Architekten Nicolas de Pigage überarbeitet worden waren. Das Gebäude folgt dem im 18. Jahrhundert beliebten Bautypus des Lusthauses, der „maison de plaisance", und wurde 1772 fertiggestellt. Die Bezeichnung „Schloss" erhielt es erst später von seinen fürstlichen Bewohnern. Nach einer wechselvollen Nutzungsgeschichte, in der es mehrfach erweitert, umgebaut und während des Zweiten Weltkrieges schwer beschädigt wurde, konnte Schloss Jägerhof in den Jahren 1950–55 in seiner heutigen Gestalt wiederaufgebaut werden. Seit 1987 ist hier, im Goethe-Museum, die Anton-und-Katharina-Kippenberg-Stiftung zu Hause, die 35.000 Objekte aus der Goethe-Zeit umfasst. Das zentrale Thema, Goethes Leben und Werke, wird in ca. 1.000 ausgestellten Zeugnissen präsentiert und durch Wechselausstellungen mit geistes- und literaturgeschichtlichen Themen ergänzt.

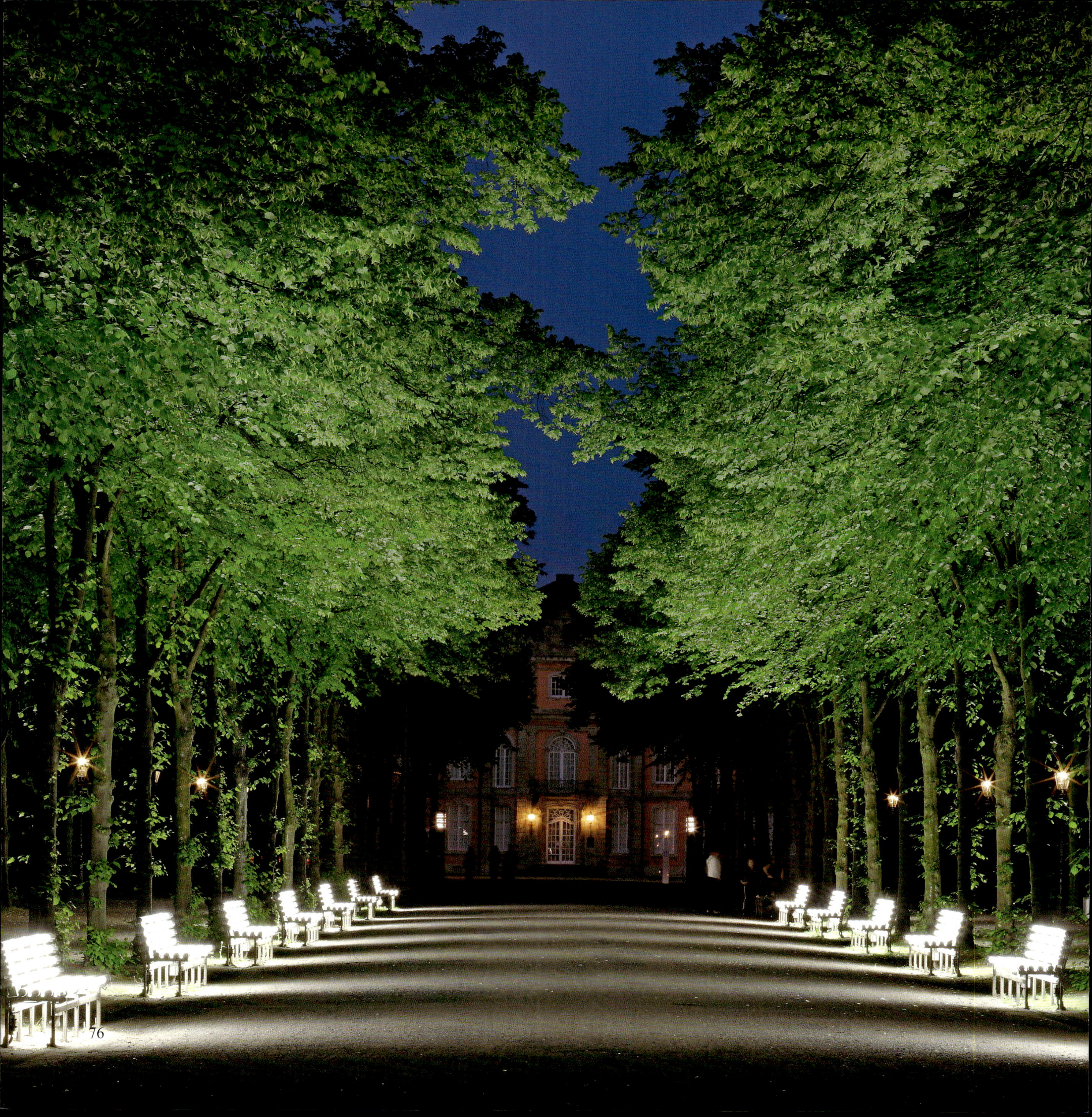

In ein zauberhaftes Licht tauchen nachts die 16 Lichtbänke des Düsseldorfer Künstlers Stefan Sous die doppelreihige Lindenallee vor Schloss Jägerhof. Die anlässlich der Euroga 2002+ aufgestellten Lichtbänke mit der Bezeichnung „UV-A UV-B" waren zunächst als temporäre Installation gedacht, fanden aber so großen Zuspruch innerhalb der Bevölkerung, dass sie zur ständigen Einrichtung wurden.

Das 1873 bis 1875 von dem Architekten Ernst Giese im Neorenaissance-Stil erbaute Opernhaus an der Heinrich-Heine-Allee beherbergt heute die Deutsche Oper am Rhein, eine traditionsreiche Theatergemeinschaft der Städte Düsseldorf und Duisburg, die zusammen über das größte Theaterensemble Deutschlands verfügen. Pro Saison werden mehr als 40 verschiedene Opern, Musicals, Operetten und ca. 10 Ballette aufgeführt. In den Jahren 2006 und 2007 wurde das Haus umfangreich saniert.

𝒢roße Bedeutung hat das Ballett an der Deutschen Oper am Rhein in Düsseldorf. Mit Beginn der Spielzeit 1996/97 wurde eine eigene Ballettschule eingerichtet, die die Schüler auf den Beruf des Tänzers vorbereiten soll. Im Repertoire der Aufführungen erfreuen sich Neuinterpretationen der Klassiker des Genres, wie Schwanensee zur Musik von Pjotr Iljitsch Tschaikowski, ebenso großer Beliebtheit wie eigene Choreographien der Ensemblemitglieder.

$\mathcal{I}$nnerhalb der von Wilhelm Kreis anlässlich der GeSoLei-Ausstellung (Ausstellung für Gesundheitspflege, soziale Fürsorge und Leibesübungen) des Jahres 1926 geschaffenen Gesamtanlage des Ehrenhofes am Hofgartenufer befindet sich der Kunstpalast. In Angleichung an die Architektur des Jahres wurde das bereits 1902 errichtete Ausstellungsgebäude mit einer Backsteinfassade versehen, um die Einheitlichkeit des Ensembles im Sinne des städtebaulichen Gesamtentwurfes zu gewährleisten. Mit der im Jahre 2001 abgeschlossenen Neugestaltung des Kunstpalastes durch den Architekten Oswald Mathias Ungers und der Bildung der Stiftung museum kunst palast wurde eine zukunftsweisende Lösung für die denkmalgeschützten Museumsgebäude gefunden. Den großen Bogen von der Galerie Jan Wellems bis zur Moderne schlägt die Sammlung des ehemaligen Kunstmuseums, die als museum kunst palast im Hauptbau des Gebäudeensembles ihren Platz hat. Heute ist es möglich, den Besuchern ein besonderes Erlebnis im gesamten Gebäude anzubieten, wie anlässlich der Ausstellung „Zerbrechliche Schönheit" mit Objekten von Raimund Kummer (o. r.) und Maria Roosen (u. r.).

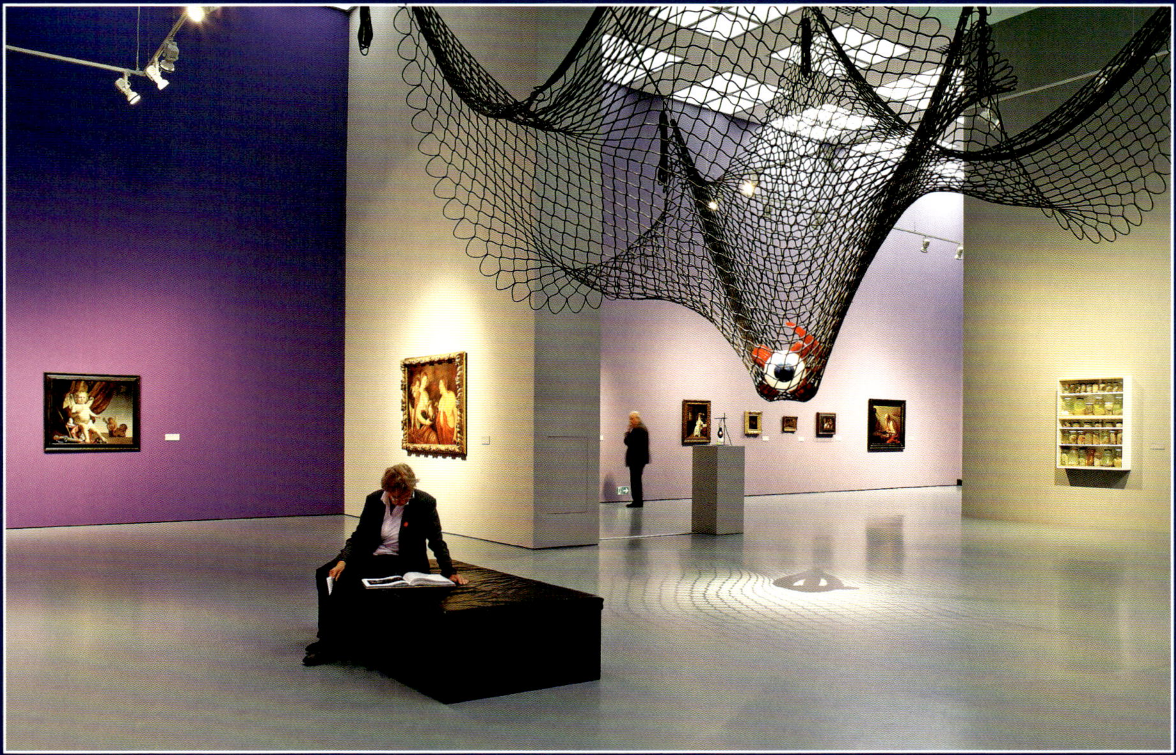

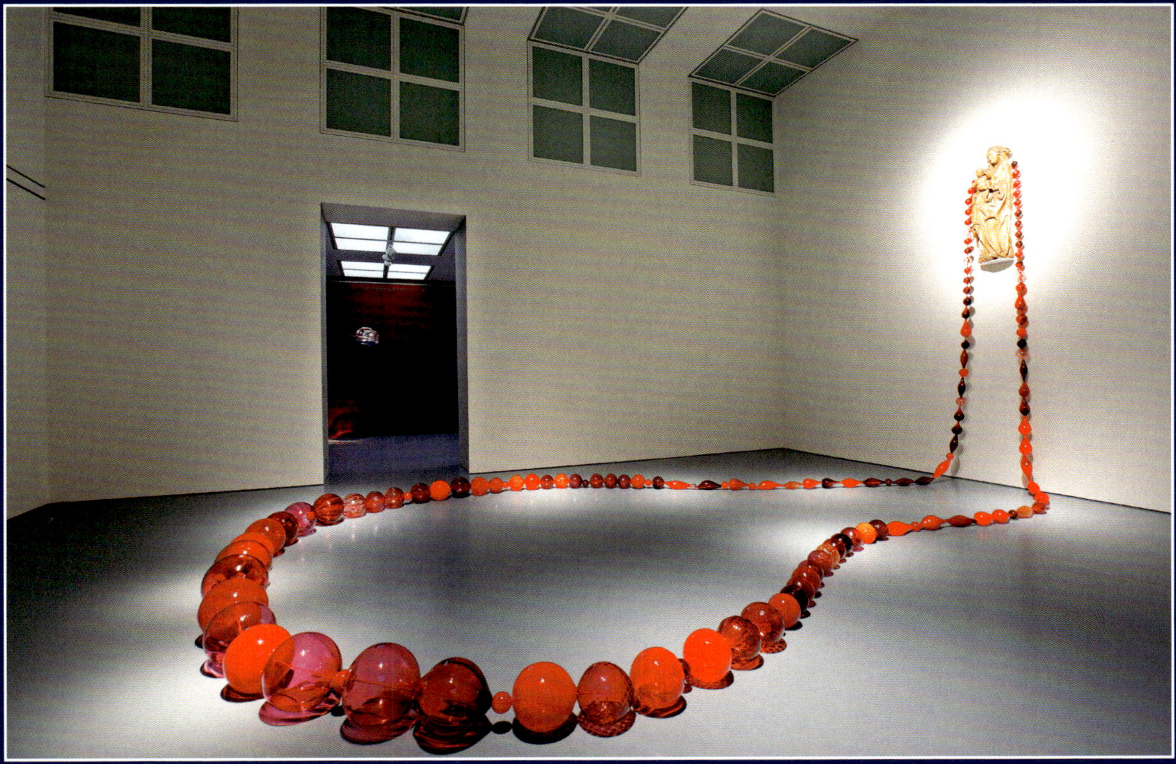

$\mathcal{N}$ördlich der Altstadt am Rheinufer erhebt sich die markante Kuppel der Tonhalle. Das Gebäude entstand nach Plänen des Architekten Wilhelm Kreis anlässlich der Ausstellung GeSoLei 1925/26 als Planetarium und wurde zunächst als Rheinhalle bezeichnet. In dem nach 1945 wieder aufgebauten Gebäude wurde in den 1970er Jahren ein Konzertsaal eingerichtet, was zu der neuen Bezeichnung „Tonhalle" führte. Nach ihrer im Jahre 2005 erfolgten vollständigen Sanierung erfüllt die Tonhalle heute alle Anforderungen eines modernen Zentrums konzertanter Musik.

Auf der oberen Plattform des Rundbaus wendet sich die vergoldete Bronzestatue der Pallas Athene als Schirmherrin der Wissenschaft und Kunst dem Betrachter entgegen.

Die Figur der griechischen Göttin wurde von dem Bildhauer Johannes Knubel ebenfalls zur GeSoLei 1926 gefertigt. Das NRW-Forum Kultur und Wirtschaft im Ehrenhof zwischen Tonhalle und museum kunst palast dient heute als Ausstellungs- und Veranstaltungsgebäude mit einem ambitionierten Programm zu den Themen Medien, Mode und Kommunikation. Es sieht sich in seinem neuen Verständnis als Ausstellungshaus durch eine große Akzeptanz auch beim jüngeren Publikum bestätigt.

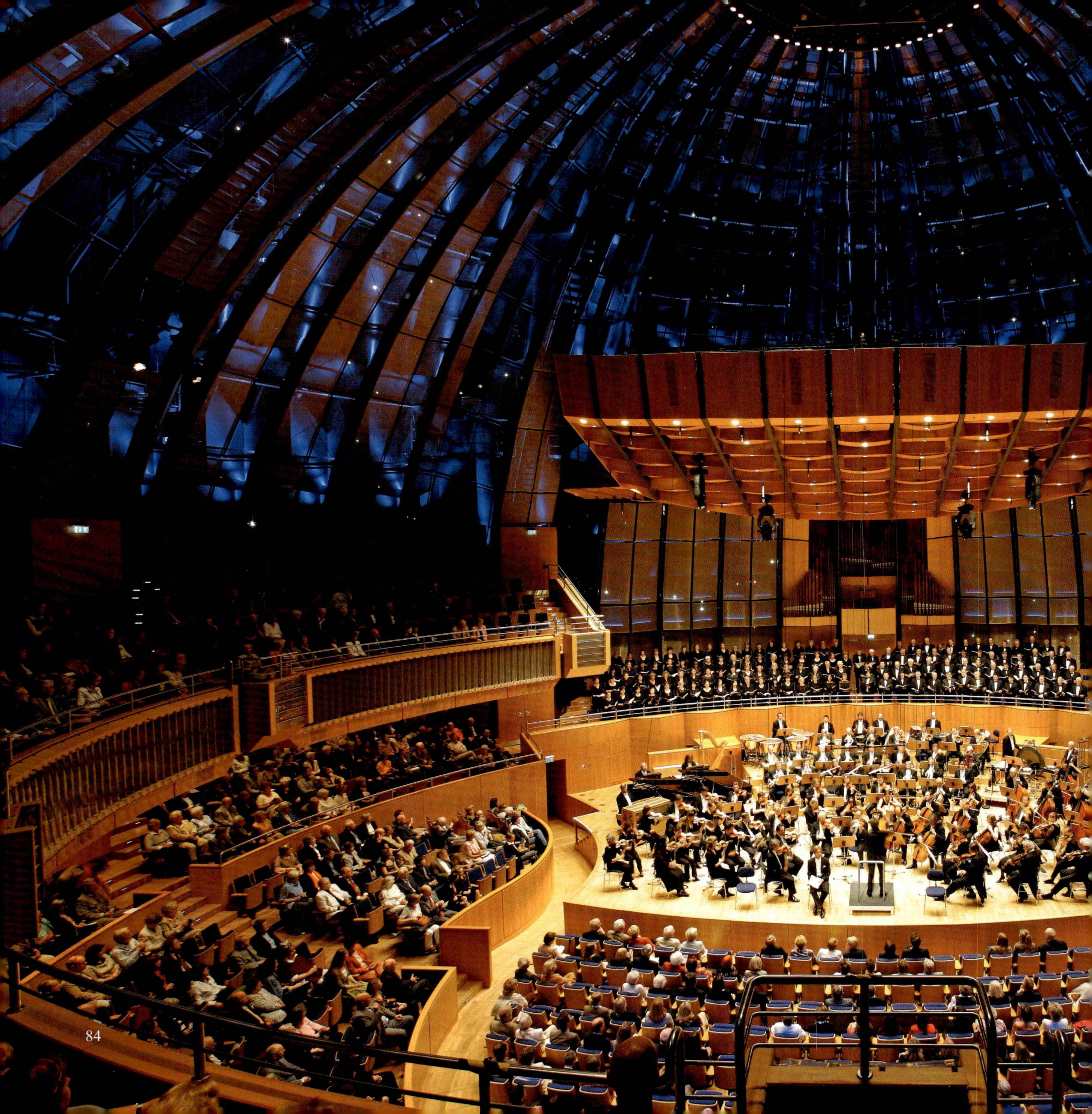

Nach ihrer Zerstörung im Zweiten Weltkrieg wurde die damalige Rheinhalle als Mehrzweckhalle neu aufgebaut. Der 1978 beendete Umbau in einen Konzertsaal durch das Düsseldorfer Architekturbüro Hentrich-Petschnigg & Partner führte dann zur Umbenennung des Gebäudes in „Tonhalle" oder „Neue Tonhalle". Damit erinnert Düsseldorf an das alte, ebenfalls während des Krieges zerstörte Tonhallengebäude in der heutigen Tonhallenstraße. 2005 wurde eine komplette Modernisierung des Gebäudes notwendig, dessen annähernd halbkugeliger Innenraum sich seitdem in einem dunkelblauen, an die ehemalige Nutzung als Planetarium erinnernden Farbton präsentiert. Nunmehr mit der neuesten Schalltechnik ausgestattet, umfasst der große Saal 1933 Plätze, der Kammermusiksaal 300 Plätze und die Rotunde im Foyer 200 bis 400 Plätze. Pro Jahr finden mehr als 200 Konzerte mit über 220.000 Zuhörern statt, wobei das Programm von Klassik über Jazz, Chanson und Soul bis zum Kabarett reicht. Hier zu Hause sind auch die Düsseldorfer Symphoniker mit ihren 130 Musikern. Das durch eine faszinierende Raumästhetik beeindruckende Grüne Gewölbe in unmittelbarer Nachbarschaft zum Großen Saal geht auf den ursprünglichen Gebäudeentwurf aus dem Jahre 1925/26 zurück und wird heute als Ausstellungsraum für die bedeutende Glassammlung des Architekten Helmut Hentrich genutzt, der einen Großteil seiner in Europa einzigartigen Sammlung der Stadt Düsseldorf stiftete.

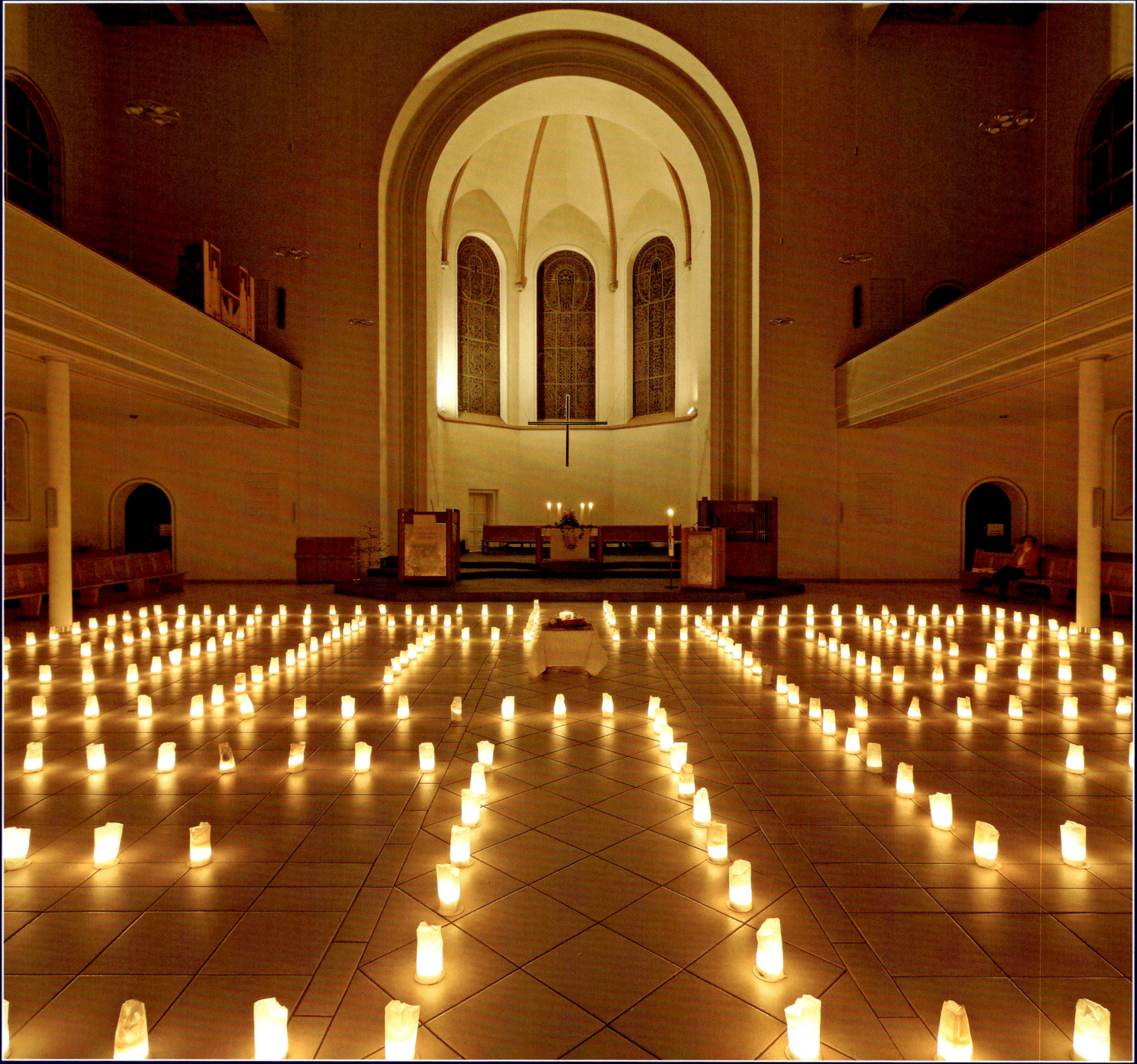

Gegen Ende des 19. Jahrhunderts war die Mitgliederzahl der protestantischen Gemeinde in Düsseldorf derart angewachsen, dass eine Reihe neuer Gotteshäuser entstand. Die Friedenskirche in der Florastraße im Stadtteil Unterbilk gehörte ebenfalls dazu und wurde am 31. Oktober 1899 eingeweiht. Große Aufmerksamkeit riefen damals die Wandgemälde des Düsseldorfer Malers und Akademielehrers Eduard von Gebhardt hervor, die bis zu ihrer fast vollständigen Zerstörung im Zweiten Weltkrieg auch eine große Touristenattraktion darstellten. 1953 wurde die Kirche in veränderter Form neu errichtet und von 1997 bis 2001 noch einmal grundlegend restauriert. Anlässlich der alljährlich stattfindenden „Langen Nacht der Museen" erleuchtete 2008 die Installation „Lichtwege – Weglichter" den Kirchenraum.

Fast zeitgleich entstand im Stadtteil Pempelfort seit 1894 die neuromanische katholische Rochuskirche, die ebenfalls im Zweiten Weltkrieg stark beschädigt wurde. Ein auch heute noch ausgesprochen modern empfundener Kuppelbau ersetzt seit 1955 das Langhaus, lediglich der alte Kirchturm blieb als Mahnmal stehen. Am Turm befindet sich eine von dem Künstler Bert Gerresheim gestaltete Skulptur des Gekreuzigten, die anlässlich des Deutschen Katholikentages entstand. Sie ist dem in Auschwitz ermordeten Franziskanerpater Maximilian Kolbe gewidmet.

88

Die Geschichte des modernen Theaters in Düsseldorf begann mit Louise Dumont und Gustav Lindemann, die am 16. Juni 1904 ein Privattheater gründeten und mit einem avantgardistisch ausgerichteten Programm unter den Zeitgenossen schnell Beachtung und Respekt fanden. Hermann Hesse las hier 1909 bei einer Matinée, August Macke entwarf Kostüme und Dekorationen und Paul Henckels trat als Schauspieler auf. Der Nationalsozialismus und der Zweite Weltkrieg beendeten dann zunächst die erfolgreiche Theaterarbeit, zumal das Gebäude fast vollständig zerstört wurde. Ab 1947 übernahm dann Gustaf Gründgens, eine der schillerndsten Persönlichkeiten der deutschen Theaterwelt und Schüler Louise Dumonts, die Generalintendanz der Städtischen Bühne, deren Theatergebäude damals noch in der Jahnstraße lag. Der von Bernhard Pfau entworfene Neubau konnte dann am 16. Januar 1970 am Gustaf-Gründgens-Platz in der Innenstadt mit der Aufführung von Georg Büchners „Dantons Tod" eingeweiht werden. Die Abbildungen zeigen Szenen aus „Pariser Leben" von Jacques Offenbach sowie „Die Beteiligten" von Kathrin Röggla.

In der architektonischen Formensprache nicht weniger modern wirkt das in unmittelbarer Nähe liegende Dreischeiben-Haus, das bis vor kurzer Zeit die Verwaltung des Thyssen-Krupp-Konzerns beherbergte. Bereits 1955 geplant, wurde es bis 1960 von den Düsseldorfer Architekten Helmut Hentrich und Hubert Petschnigg sowie dem Tragwerkplaner Kuno Boll erbaut. Der Name Dreischeiben-Haus geht auf die Gliederung in drei gegeneinander versetzte schmale Scheiben zurück, die Helmut Hentrich entwickelt haben soll, als er drei Bücher gleichzeitig aus einem Regal nahm. Lange Jahre gehörte das Gebäude zu den bekanntesten Hochhäusern in der Bundesrepublik.

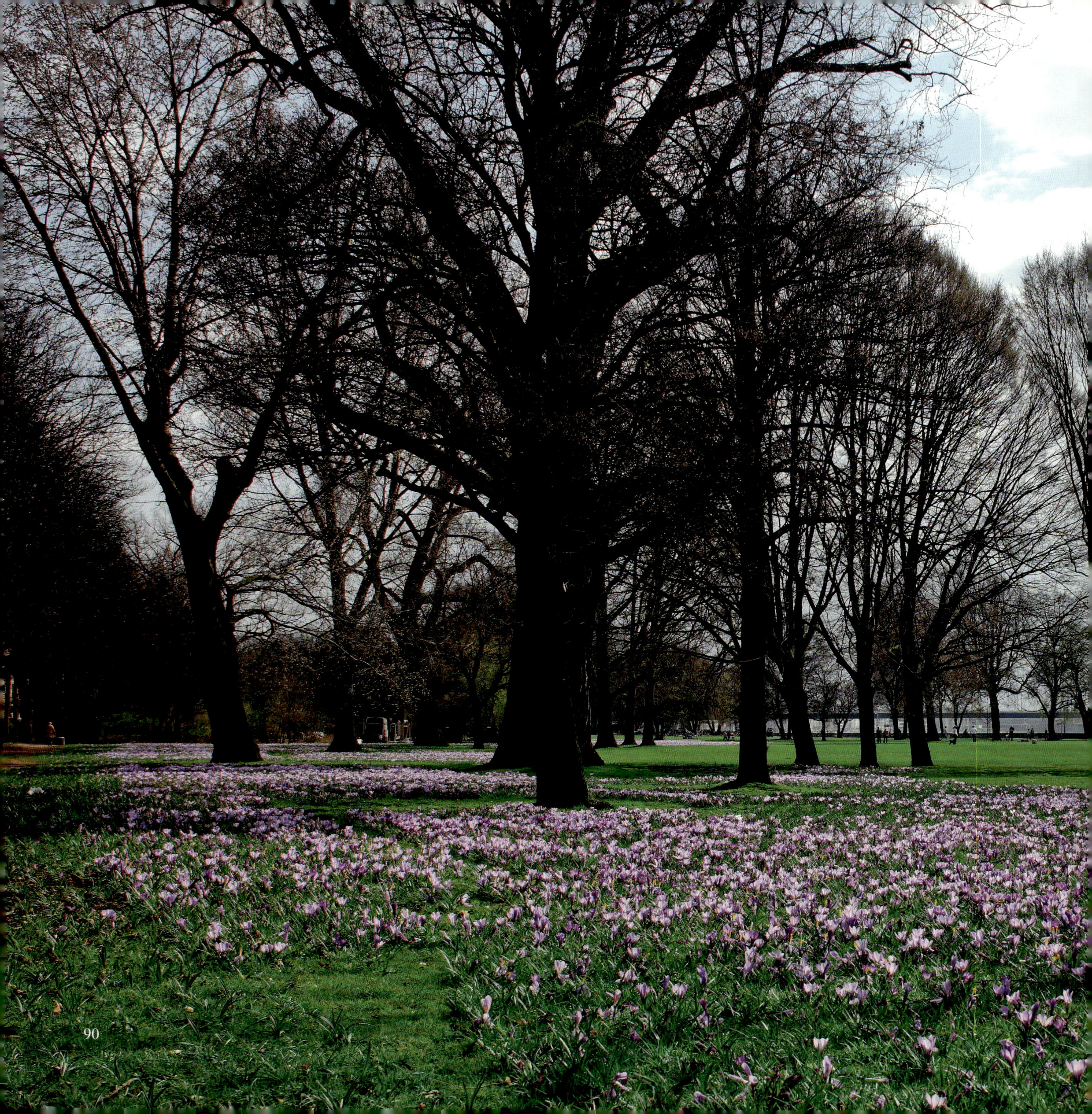

Düsseldorfs reiche Tradition als Gartenstadt erlebt der Flaneur auf vielfältige Weise und an vielen Orten der Rheinmetropole. Ein besonders charmantes, nur wenige Wochen zu bestaunendes florales Ereignis ist das so genannte „Blaue Band am Rhein". Im März 2009 wurde es zum ersten Mal sichtbar – 1300 m lang, bis zu 30 m breit und ca. 24.000 qm groß. Fünf Millionen blau blühende Krokusse lockte die Sonne mit ihren ersten warmen Strahlen aus dem Erdreich des Rheinparks an der Cecilienallee. Im Herbst 2008 brachten viele Hundert ehrenamtliche Helfer die Blumenzwiebeln aus dem westholländischen Hillegom in den Boden.

Nach einem Entwurf der Düsseldorfer Landschaftsarchitektin Annette Weber wurde dabei die Form eines Pflanzbandes gewählt, das nicht nur an den benachbarten Strom erinnert, sondern auch das wellenförmige Muster der Pflasterung von der Rheinuferpromenade fortführt. Der Zuspruch der Düsseldorfer zu dieser wunderbaren Idee eines blauen Blütenteppichs war überwältigend. Er führte dazu, dass im Herbst 2009 nochmals eine Million Krokuszwiebeln eingesetzt wurden und im Herbst 2010 weitere 500.000. Nun kündigt das „Blaue Band" über 2,5 Kilometer den nahen Frühling an – von den Rheinterrassen über das Traditionsrestaurant „Schnellenburg" bis zum Nordpark. Um die Dauer der Blütenpracht zu verlängern und den optischen Genuss zu intensivieren, kamen verschiedene Krokussorten zum Einsatz. Sie blühen nicht nur unterschiedlich lange, sondern auch in den vielfältigsten Blautönen.

Zu Beginn des 19. Jahrhunderts wurde an Stelle der östlichen Festungswerke ein vom Wasser der Düssel gespeister Stadtgraben angelegt sowie eine Baumallee gepflanzt. Zunächst Neue Allee, später Kastanienallee genannt, bebaute man erst die östliche Seite, da ein Exerzierplatz die gegenüberliegende Straßenfront fast zur Hälfte einnahm. Als König Friedrich Wilhelm IV. 1848 Düsseldorf besuchte und in einer offenen Kutsche über die Allee fuhr, wurde er hier mit Pferdeäpfeln beworfen. Zur Wiedergutmachung entschied die Stadt – allerdings erst drei Jahre später – die Straße in Königsallee umzubenennen. Ein bemerkenswertes Wasserspiel befindet sich im nördlichen Bereich der Allee. 1902 gestaltete Fritz Coubillier eine neobarocke Skulpturengruppe, bei der die Meeresgottheit Triton eine Lanze gegen einen riesigen wasserspeienden Fisch stößt.

Düsseldorfs Prachtboulevard wird auch als Veranstaltungsort für die verschiedensten kulturellen Ereignisse genutzt. Seit 1985 findet hier alljährlich der Bücherbummel statt, bei dem sich die Königsallee in die größte Freiluftbuchhandlung Deutschlands verwandelt. Über 120 regionale Buchhandlungen, Antiquariate, Verlage und andere Kulturschaffende bieten in ihren Zelten neue und alte Bücher an und locken alljährlich bis zu 500.000 Besucher an. Weil sich der Bücherbummel nicht als reine Verkaufsveranstaltung versteht, umfasst das dazugehörige Rahmenprogramm noch zahlreiche Attraktionen an den Ständen sowie Lesungen, Musik und Kabarett auf mehreren Bühnen.

Cartier

$\mathcal{D}$ie Düsseldorfer Königsallee gehört zu jener kleinen Gruppe international bekannter Straßen, deren Namen für Luxus, gehobene Lebensqualität und wirtschaftlichen Erfolg stehen. Auf der „Kö" wird die Stadt aber auch zur Bühne, hier will man sehen und gesehen werden. Entsprechend zahlreich sind die Filialen der internationalen Modeszene – denn Mode ist hier das Thema Nr. 1. Die 1986 entstandene Kö Galerie ist eine der prominentesten und exklusivsten Shopping Malls weltweit. Um ein dreigeschossiges zentrales Forum mit einer großen, kunstvollen Glaskuppel präsentieren sich in vier Malls und einer oberen Galerie über 100 Flagshipstores, Boutiquen und Fachgeschäfte.

ZERBRECH
LICHE
SCHÖNHEIT
GLAS IM BLICK DER KUNST
19.4.–31.8.2008

Neben der Kö Galerie entstanden auf der Königsallee und in ihren Seitenstraßen während der letzten Jahre Shopping Malls, die konzeptionell ausgerichtet sind. Beim stilwerk in der Grünstraße (linkes Bild) handelt es sich um ein Designkaufhaus für hochwertigen Einrichtungsbedarf und Lifestyle-Accessoires. Darüber hinaus beeindruckt es durch seine ungewöhnliche architektonische Gestalt über einem elliptischen Grundriss, die im Jahre 2000 vom Bund Deutscher Architekten ausgezeichnet wurde. Das ebenfalls für seine Bauform prämierte, kurze Zeit später entstandene SEVENS auf der Königsallee folgt einem von Marktforschern identifizierten Konsumtrend, demzufolge der Käufer sich gerade noch auf Schnäppchenjagd befindet und im nächsten Moment im Luxus schwelgen will. So finden sich hier neben Discountern auch Boutiquen internationaler Luxusmarken.

98

$\mathcal{D}$er Verlängerung der Königsallee nach Süden folgend, erreicht der Düsseldorf-Bummler das Buchhaus Stern-Verlag. Mit 400.000 Büchern und 300 Leseplätzen eine der größten Buchhandlungen Europas, ist sie ein „Muss" für jeden Bücherfreund. In einer unvergleichlichen, in 3.200 Fachgebiete unterteilten Auswahl an Büchern jedweder Art, alten wie neuen, kostbaren und preiswerten, kann man stundenlang stöbern. Zwischendurch empfiehlt es sich, auf einem der vielen Sessel und Sofas lesend zu verweilen oder im Forum-Café eine Pause mit Blick ins Grüne einzulegen, und danach das nahe spektakuläre K21 am Schwanenspiegel zu bewundern oder – auch nicht weit entfernt – in die futuristischen Architekturwelten des MedienHafens einzutauchen.

Was die Königsallee für die anspruchsvollen Dinge des Lebens, ist die benachbarte Schadowstraße für die alltäglichen. Direkt am Anfang dieser zweiten großen Einkaufsstraße befinden sich als weitere innerstädtische Einkaufsgalerie die Schadow Arkaden, welche ebenso wie die Kö Galerie von dem Architekten Walter Brune errichtet wurden. Erbaut zwischen 1990 und 1994, verfügen sie über 70 Geschäfte auf zwei Ebenen sowie einen gastronomischen Bereich im Untergeschoss. Während die Kö Galerie durch die großzügige Verwendung von Messing und Granit beeindruckt, imponiert an den Arkaden neben den Materialien auch eine aus 4.500 Prismen bestehende Glaskuppel über dem Haupteingang. Darüber hinaus wurden für die 30 Büromieter fünf außergewöhnliche Dachgärten thematisch gestaltet.

In Sichtweite der Einkaufsgalerie befindet sich der 1964 errichtete Gebäudeblock der Landeszentralbank mit dem davor liegenden Platz der Deutschen Einheit. Im Jahr des Stadtjubiläums 1988 stiftete die Bank den hier aufgestellten Segelbrunnen des Künstlers Heinz Mack. Zwischen den drei glänzenden Edelstahlsegeln schießen die Fontänen hoch in die Luft und überziehen die eindrucksvolle Anlage mit zarten Wasserschleiern.

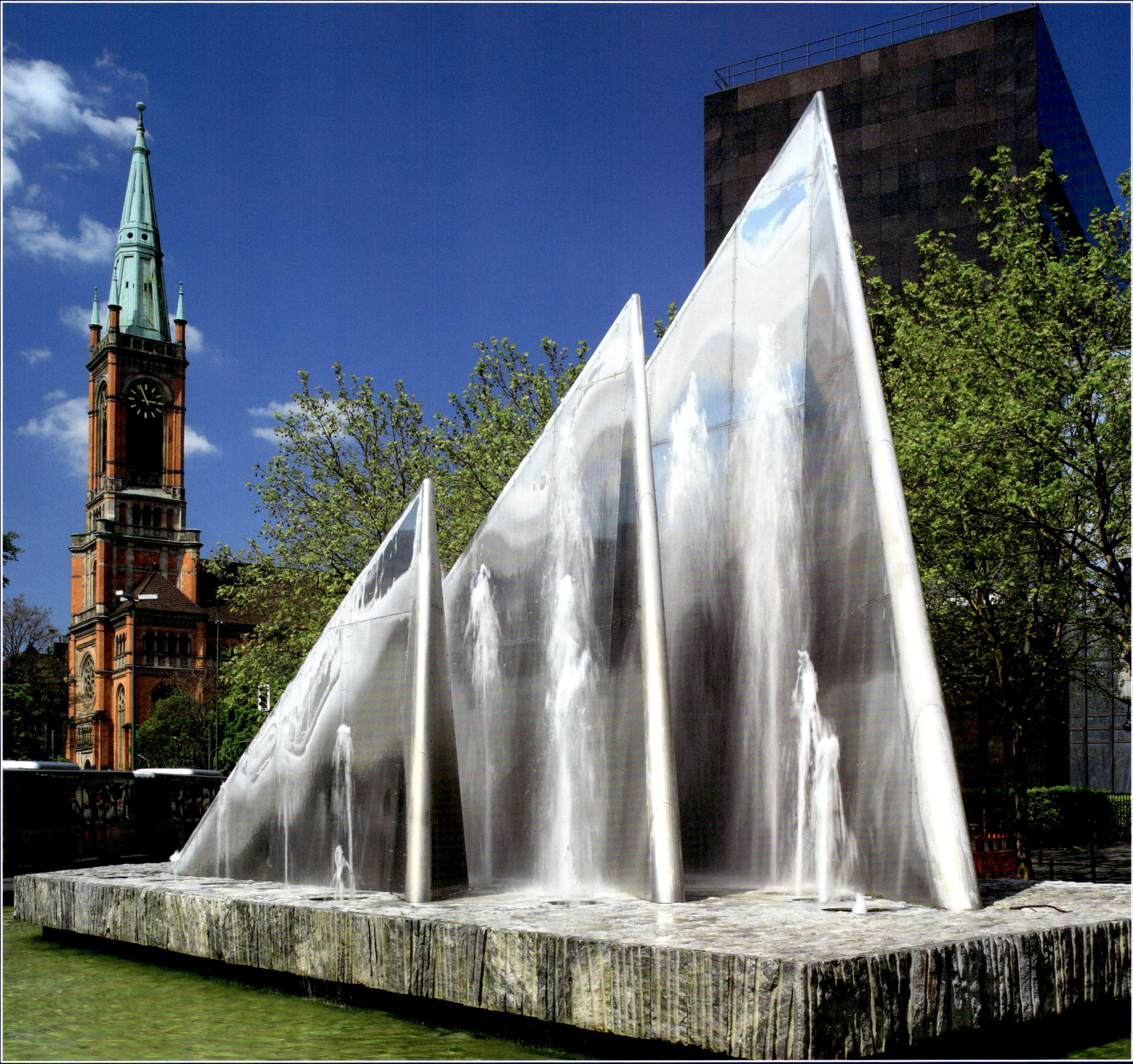

Das Wilhelm-Marx-Haus in der Düsseldorfer Innenstadt stammt bereits aus dem Jahre 1924 und war bei seiner Fertigstellung mit einer Höhe von 57 Metern und zwölf überirdischen Geschossen das erste Düsseldorfer Hochhaus und eines der frühesten in Deutschland. Neben der Bedeutung, die das Hochhaus als Zeichen des Fortschritts und wirtschaftlichen Aufschwungs für Düsseldorf hatte, markiert die Lage des Wilhelm-Marx-Hauses am Ende des damaligen Hindenburgwalls die Schnittstelle zwischen den Stadtgebieten Altstadt und Carlstadt sowie dem Bankenviertel. Aus dem zuvor veranstalteten Wettbewerb ging der Architekt und Professor an der Düsseldorfer Kunstakademie Wilhelm Kreis als Sieger hervor. Die mit Muschelkalk und Backstein verblendete Stahlbetonkonstruktion besteht aus zwei sechsgeschossigen Seitenflügeln, deren rechteckige Grundrisse sich kreuzen und damit den Grundriss des Turmes bilden. Die zweigeschossige Maßwerkgalerie auf dem Turm diente ursprünglich dazu, einen Wasserbehälter zum Brandschutz zu verbergen, der sich im Zeltdach der Turmspitze befand. Der Name des seit 1984 unter Denkmalschutz stehenden Hauses geht auf den Düsseldorfer Oberbürgermeister Wilhelm Marx zurück, der zu Beginn des 20. Jahrhunderts den Grundstein für die Modernisierung Düsseldorfs legte. Auch heute wird das Gebäude als Büro- und Geschäftshaus genutzt.

Der Bertha-von-Suttner-Platz ist in städtebaulicher Hinsicht eine Erweiterung der Rückseite des Düsseldorfer Hauptbahnhofs und wird von einer postmodernen Bebauung aus dem Jahre 1985 eingefasst. Dieses Zentrum für verschiedene Verwaltungen und öffentliche Einrichtungen entstand nach der Aufgabe des Oberbilker Stahlwerkes und wird heute von Edelstahlplastiken des Künstlers Horst Antes maßgeblich geprägt. Bertha von Suttner war eine österreichische Pazifistin und Schriftstellerin, die 1905 mit dem Friedensnobelpreis ausgezeichnet wurde.

Die Messe Düsseldorf ist einer der wirtschaftlichen Motoren der Landeshauptstadt, die sich in den letzten Jahrzehnten nicht nur in Deutschland, sondern weltweit zu einem der führenden Messestandorte entwickeln konnte. Die Kennzahlen sprechen dazu eine deutliche Sprache: Über 40 Messen am Standort Düsseldorf, darunter 23 Weltleitmessen und jährlich rund 1,8 Millionen Besucher aus aller Welt bei über 30.000 internationalen Ausstellern. Hinter diesen Zahlen steht ein immenses wirtschaftliches Potential von ca. einer Milliarde EUR, von dem Düsseldorf und die gesamte Region profitieren. Die Mode spielt bei der Messe seit über 50 Jahren eine bedeutende Rolle. Neben der aus Berlin abgewanderten „Interessengemeinschaft Damenoberbekleidung" (IGEDO) sind es auch andere Modemessen, wie die im Frühjahr stattfindende Schuhmesse „GDS", die internationale Beachtung finden.

Mit der ESPRIT arena entstand 2004 eine Multifunktionsarena neben der Messe Düsseldorf, die das bisherige Rheinstadion ersetzt und über 51.500 Sitzplätze verfügt. Das Dach kann bei schönem Wetter geöffnet werden. Neben den hier stattfindenden vielfältigsten Veranstaltungen ist die Arena das Heimstadion des Fußballvereins Fortuna Düsseldorf.

105

Der Flughafen Düsseldorf International ist mit rund 18 Millionen Fluggästen und 200.000 Flugbewegungen der drittgrößte Deutschlands hinter den Airports in Frankfurt a. M. und München. 75 Gesellschaften fliegen 180 Ziele weltweit an und profitieren dabei von dem drittgrößten Einzugsgebiet neben Paris und London. Außergewöhnlich ist aber auch die Lage des Düsseldorfer Flughafens am nördlichen Stadtrand. Im Gegensatz zu anderen Airports erreichen Reisende die City in weniger als 30 Minuten. Um seine Attraktivität für die Fluggäste weiter zu steigern, ist im Jahre 2000 ein von dem Düsseldorfer Architekturbüro JSK geplantes neues Terminal eröffnet worden. Hier spielten sogar schon die Düsys, die für ihr unkonventionelles Auftreten bekannten Düsseldorfer Symphoniker. Die neueste Entwicklung am Flughafen ist die Realisierung von Airport City. Bis 2013 soll in der näheren Umgebung des Airports der Bau eines Businessparks mit ca. 250.000 qm Bruttogeschossfläche, mehreren Parkanlagen und weitläufigen Grünflächen vollendet sein, der das Dienstleistungszentrum Flughafen in eine kleine Stadt integriert.

5 x wöchentlich
nonstop nach
Peking
ab 279 €
airberlin.com
Genau deine Airline.
Entspannt nach
Hause telefonieren.

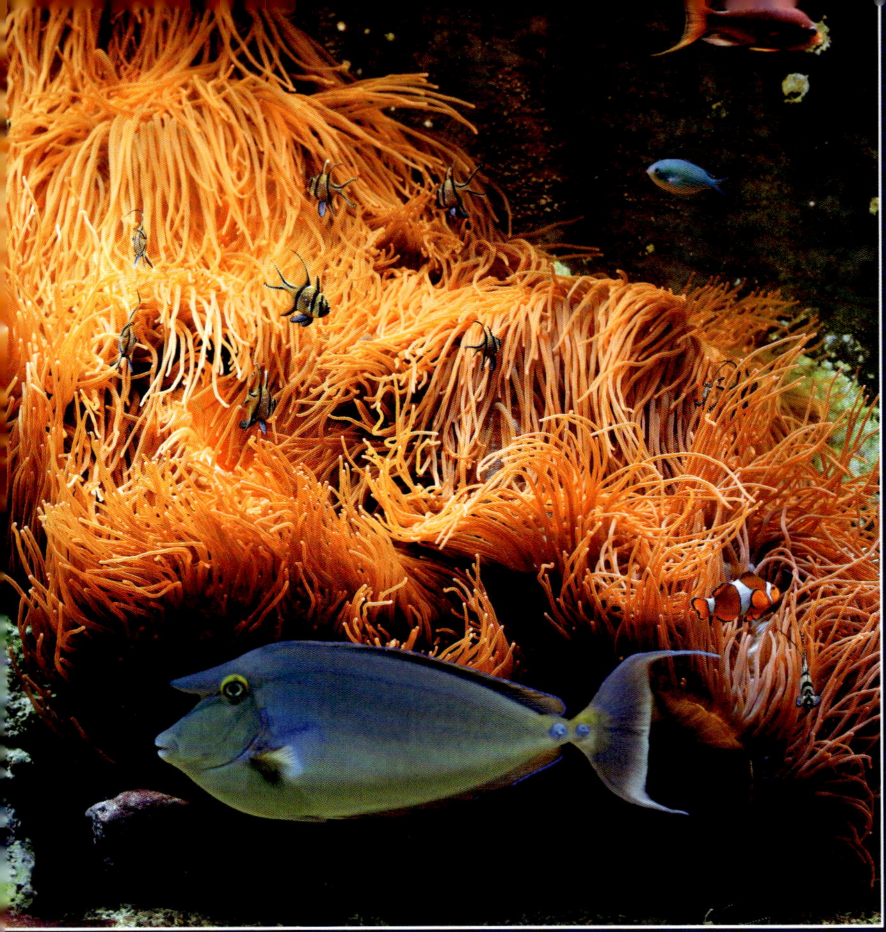

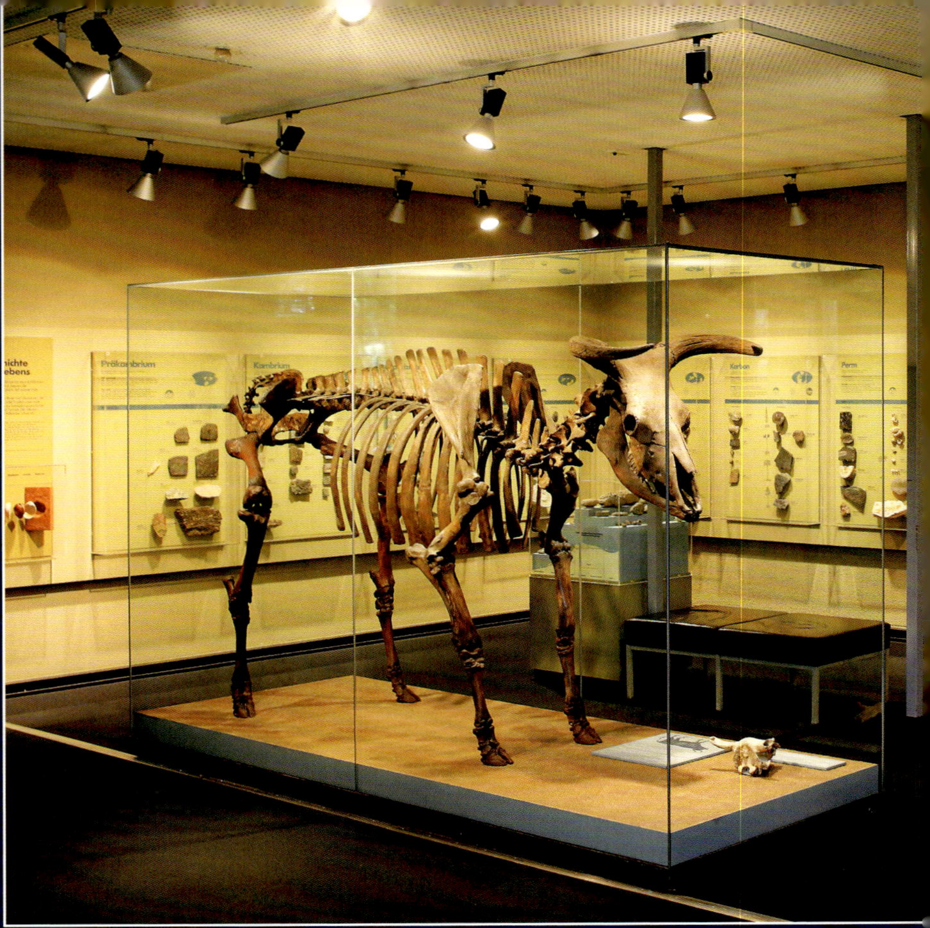

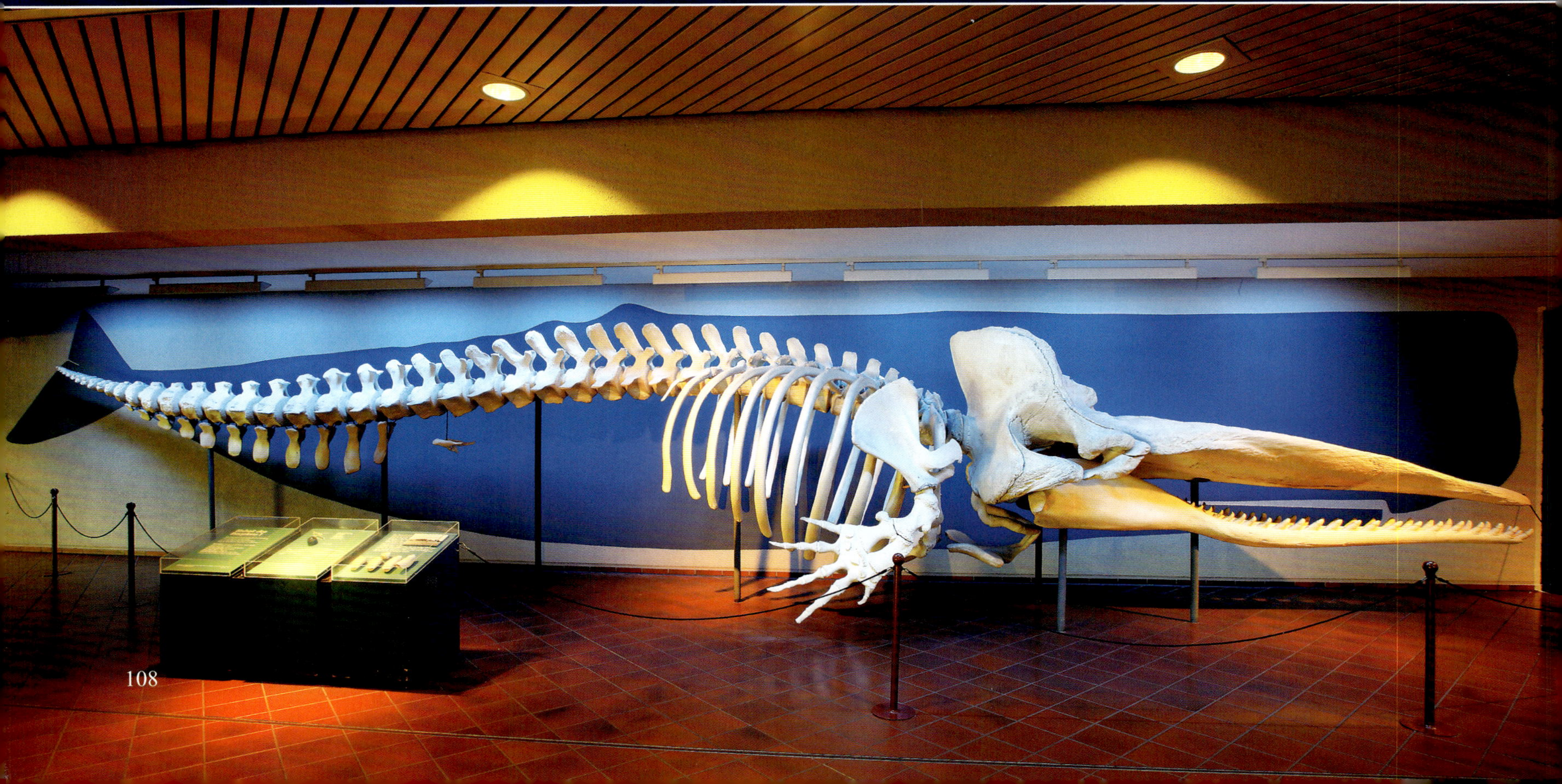

$\mathcal{D}$er 1987 als architektonisches Zentrum des Nordparks fertiggestellte Neubau des Aquazoos und Löbbecke Museums vereinigt konsequent die wesentlichen Merkmale eines Zoos mit denen eines Naturkundemuseums. Das Doppelinstitut geht auf zwei Einrichtungen des 19. Jahrhunderts zurück, den Düsseldorfer Zoo und das naturkundliche Museum des Privatsammlers Theodor Löbbecke. Mehr als 500.000 Besucher informieren sich jährlich über die Entwicklung des Lebens auf der Erde, die Bedeutung der Anpassung an den Lebensraum oder erfreuen sich einfach an der Faszination von rund 450 Tierarten in Aquarien und Terrarien.

Ruhe und Besinnlichkeit findet man dagegen eher im nordwestlichsten Bereich des Nordparks, im „Japanischen Garten am Rhein". Der eigens für Düsseldorf entworfene und 1975 eingeweihte Garten ist ein Geschenk japanischer Firmen und der japanischen Gemeinde in Düsseldorf als Zeichen der besonderen Verbundenheit. Anlage und Atmosphäre dieses ca. 5.000 qm großen fernöstlichen Kleinods stehen in deutlichem Kontrast zu den üppigen Blumenbeeten und aufwändigen Wasserspielen der sonstigen Bereiche des Nordparks, die einer streng axialen, geometrischen Gliederung unterworfen sind. In weiten Teilen präsentiert sich der Nordpark auch heute so, wie er 1937 zur „Großen Reichsausstellung Schaffendes Volk" angelegt worden war. Unter Beibehaltung dieses Gesamtkonzeptes wurden in den vergangenen Jahren neue vielseitige Freizeit- und Erholungsangebote in die Anlage integriert, so dass der Nordpark gerade in Verbindung mit dem Aquazoo-Löbbecke Museum eine besondere Attraktion für Familien darstellt.

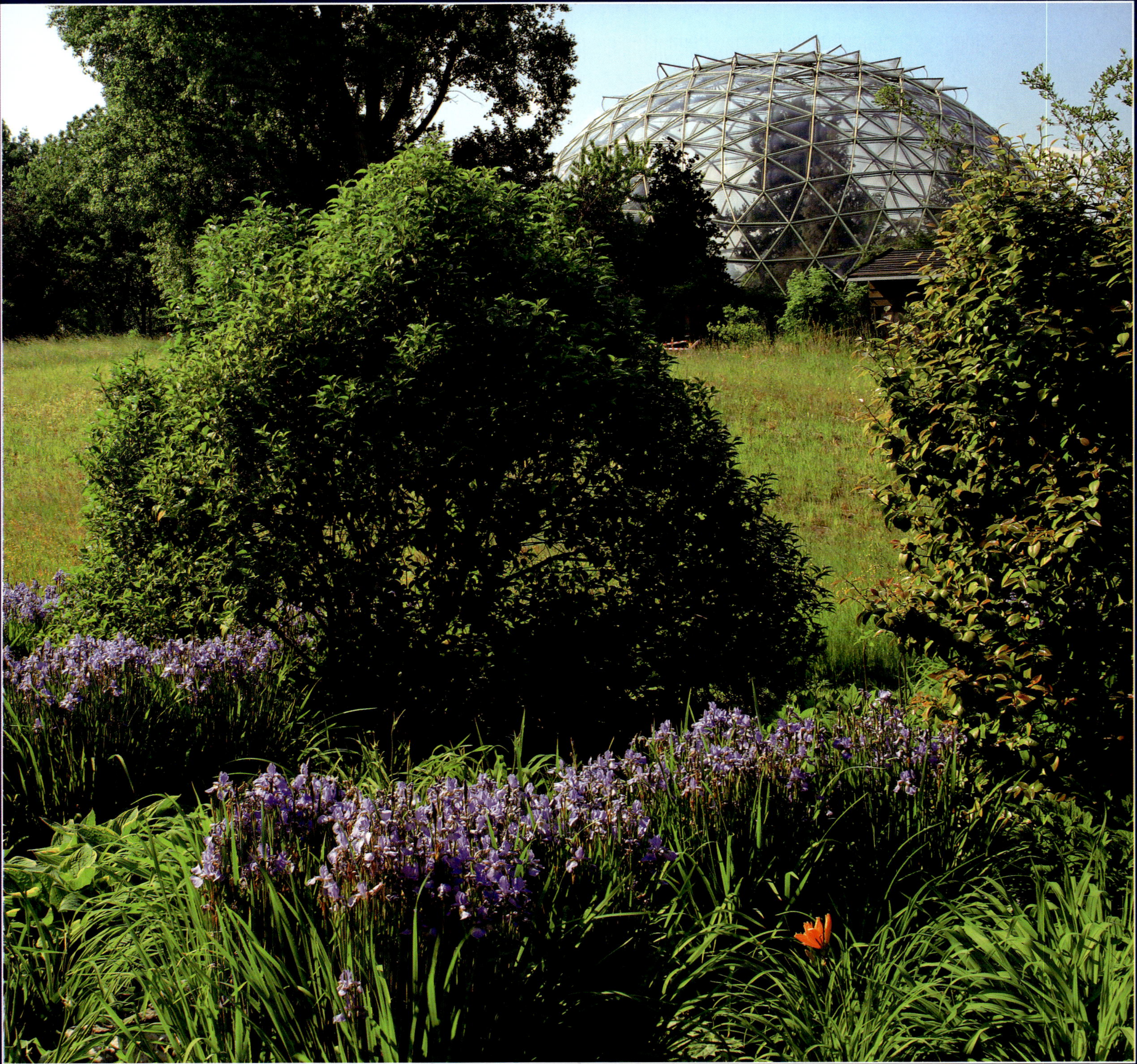

Als Mittelpunkt und Wahrzeichen des Botanischen Gartens erhebt sich im Süden der Stadt am Himmelgeister Rheinbogen die aus einem filigranen Stahlrohrnetz und sphärischen Dreiecken bestehende Plexiglaskuppel des 18 Meter hohen Gewächshauses. In ihm sind 400 Arten zu finden, meist exotische Pflanzen aus Gebieten mit trockenen Sommern und regenreichen Wintern. Das Gelände des 1974 als Bestandteil des Botanischen Instituts der Heinrich-Heine-Universität gegründeten und 1979 für das Publikum eröffneten Botanischen Gartens erstreckt sich über eine sieben Hektar große Freifläche. In seinem Zentrum befindet sich eine Wildblumenwiese, um die in einem Rundweg verschiedene geographische und ökologische Abteilungen angeordnet sind. Der Garten ist ganzjährig geöffnet und bietet neben Ruhe und Erholung auch ein abwechslungsreiches Veranstaltungsprogramm.

Das annähernd lebensgroße Denkmal für den Namensgeber der Universität geht auf das Hamburger Heine-Monument des Bildhauers Hugo Lederer zurück, das 1926 eingeweiht und 1933 von den Nationalsozialisten demontiert worden war. Da man das Original des Denkmals 1943 für die Rüstungsindustrie einschmolz, diente als Vorbild für die Bronzefigur Heinrich Heines vor dem Eingang der Universitäts- und Landesbibliothek eine Bronzestatuette, die auf ein 53 cm hohes Werkstattmodell zurückging, das Hugo Lederer bereits 1912 angefertigt hatte. 1994 wurde das Denkmal des Namenspatrons eingeweiht und mag auch daran erinnern, wie lange es gedauert hatte, bis die 1965 gegründete Universität ihren endgültigen Namen erhielt.

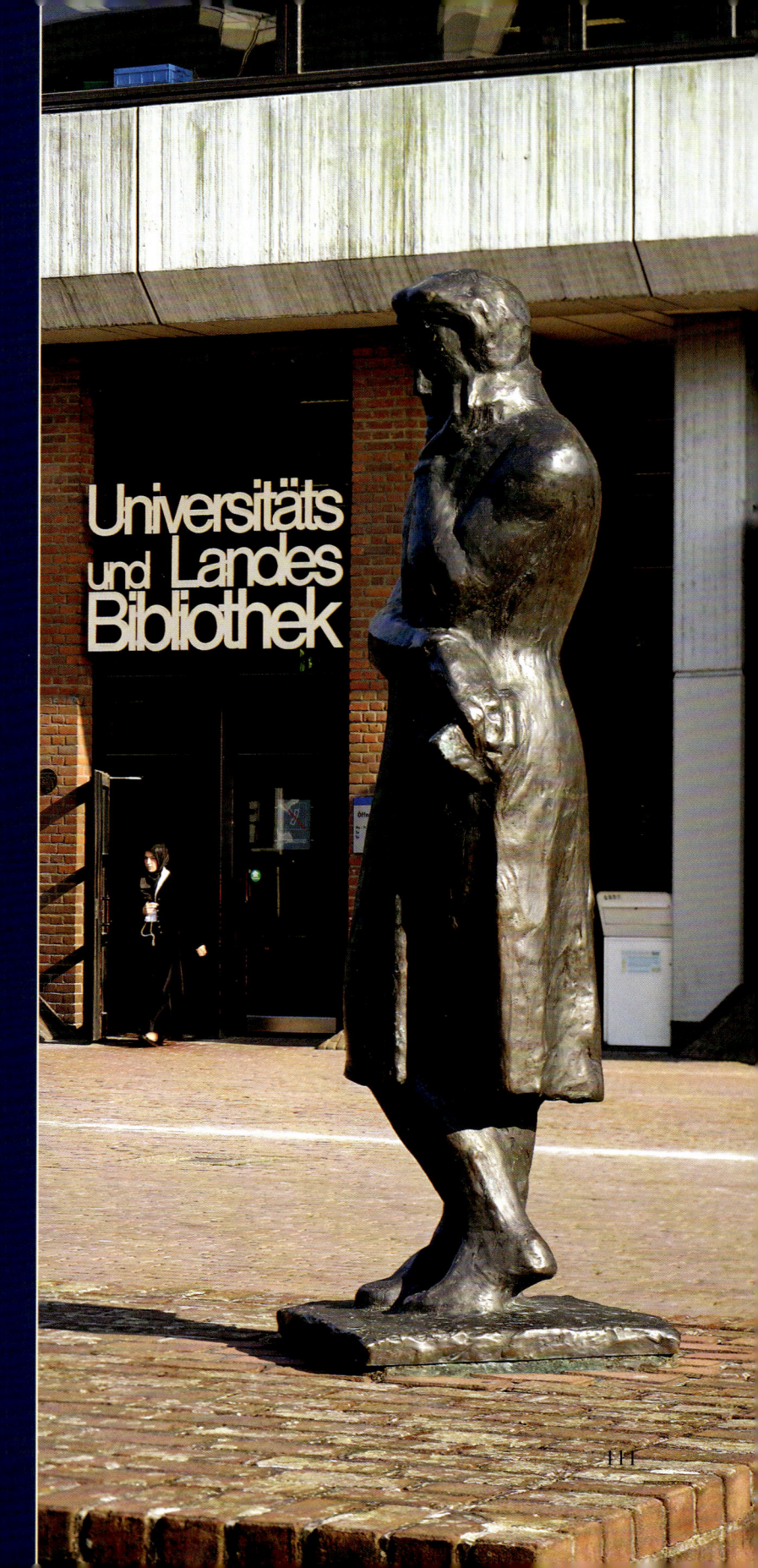

Anlässlich der Bundesgartenschau 1987, ein Jahr vor dem 700-jährigen Stadtjubiläum, wurde am Rande des Volksgartens in Oberbilk „Auf'm Hennekamp" das großflächige „Zeitfeld" des Bildhauers und Düsseldorfer Akademieprofessors Klaus Rinke errichtet. 23 auf sechs Meter hohen Säulen installierte schlichte Bahnhofsuhren verweisen mit der auf dem Boden liegenden 24. Uhr als Impulsgeber auf den Tagesablauf, was durch die Inschrift auf einer Gedenktafel zusätzlich verdeutlicht wird. Alle Uhren sollen dieselbe Zeit anzeigen. Bei Dunkelheit erleuchten die doppelseitigen Uhren den Eingang zum Volksgarten.
Ebenfalls „Auf'm Hennekamp" befindet sich seit 1996 ein weiteres außergewöhnliches Kunstobjekt, das sogenannte „Nessy". Auf einer Grundfläche von 150 qm richten sich drei vielfarbige acht Meter hohe Seeungeheuer auf. Sie wurden nach einem Entwurf der Architektin Ingrid Loerke aus feuerverzinktem Stahlrohr gefertigt und dienen der Belüftung des Düsseldorfer Kanalnetzes. 70.000 Kubikmeter Luft werden stündlich durch die Schächte in den 15 Meter tiefer liegenden Kanal geblasen, um Arbeiten innerhalb des Kanalnetzes zu ermöglichen.

113

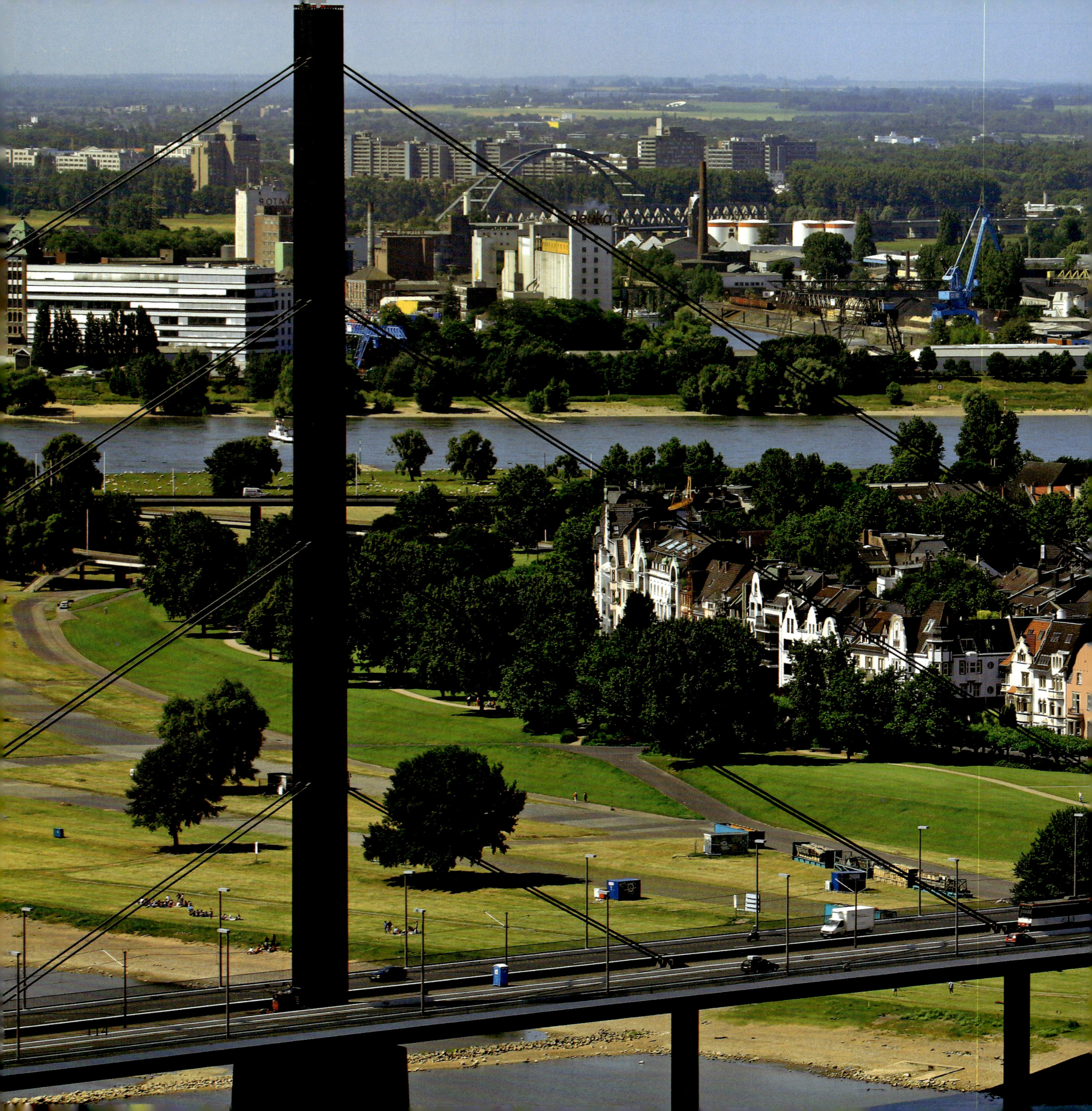
deuka

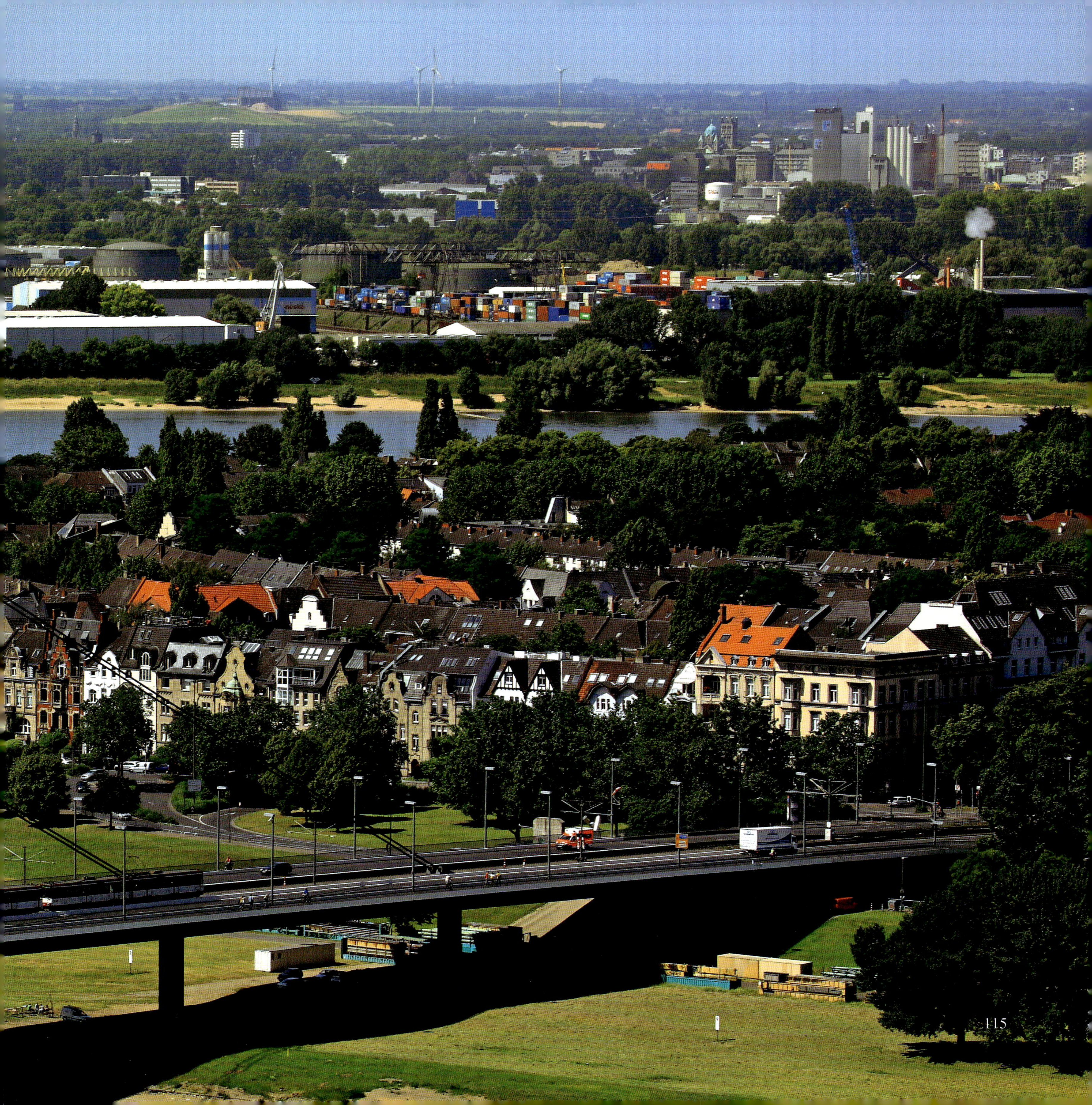

Vorangegangene Doppelseite: S. 114/115
Blick über die Rheinkniebrücke auf Oberkassel und den Hafen

Das 1909 eingemeindete Oberkassel gehört mit Niederkassel, Lörick und Heerdt zu den vier linksrheinischen Stadtteilen von Düsseldorf. Es zählt heute zu den elegantesten Wohnvierteln der Stadt, zumal das Oberkasseler Erscheinungsbild von historischer Bausubstanz aus der Spätgründerzeit und dem Jugendstil geprägt ist, die den Zweiten Weltkrieg fast vollständig unbeschadet überstanden hat. Insbesondere der am Rhein liegende Kaiser-Wilhelm- und Kaiser-Friedrich-Ring zeigt ein Gebäudeensemble von großer Geschlossenheit, das auch von der gegenüberliegenden Rheinuferpromenade bewundert werden kann.

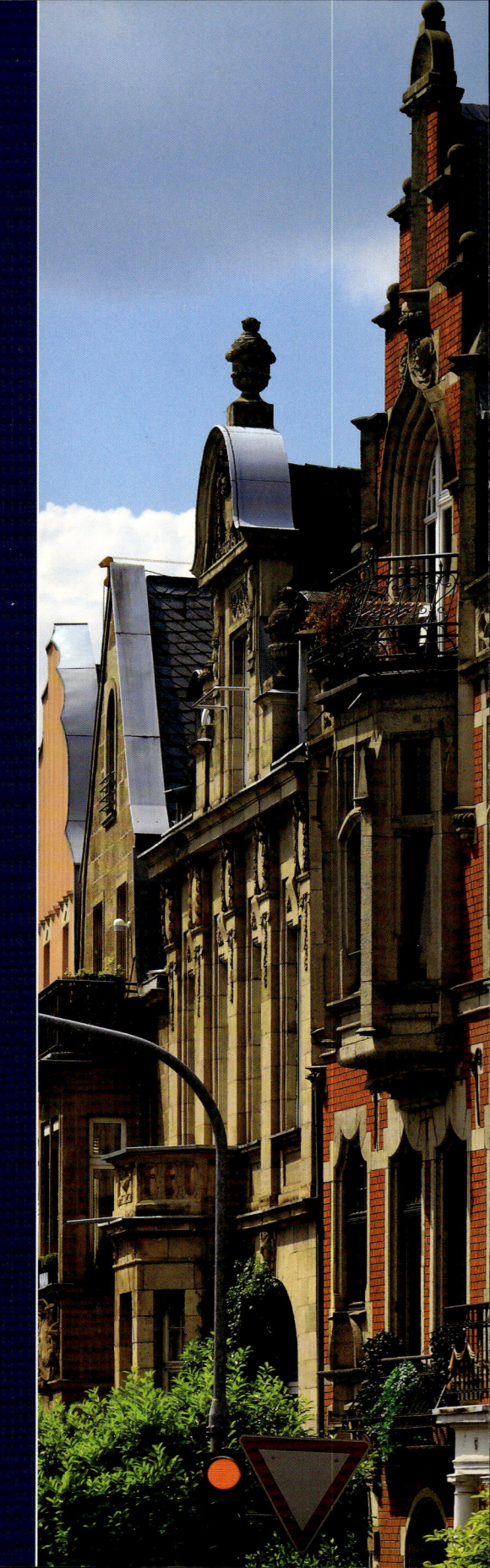

117

Das linksrheinische Flussufer ist von einer Wiesenlandschaft geprägt, die das Hochwasser des Rheins aufnimmt. Ein Deich bietet den dortigen Stadtteilen Schutz. Die der Altstadt gegenüberliegende große Wiese, über die Schäfer gelegentlich ihre Herden ziehen lassen, wird jedoch auch für Veranstaltungen genutzt. Hier findet seit 1901 alljährlich im Juli für neun Tage die größte Kirmes am Rhein statt, welche mit ca. vier Millionen Gästen zu den besucherstärksten Volksfesten Deutschlands zählt. Gefeiert wird das vom St.-Sebastianus-Schützenverein Düsseldorf 1316 e.V. ausgerichtete Fest des Stadtpatrons St. Apollinaris sowie die Kirchweihe von St. Lambertus. Das Programm folgt dabei einem traditionellen Verlauf mit der Eröffnung durch den Oberbürgermeister, einem festlichen Gottesdienst in St. Lambertus, historischen Umzügen des Schützenvereins mit über 3.000 Aktiven sowie dem Krönungsball des neuen Schützenkönigs im

119

$\mathcal{D}$ie Integration der ca. 5.000 japanischen Gäste ist der Stadt Düsseldorf ein großes Anliegen. Neben den dienstleistungsorientierten Einrichtungen, die insbesondere im Innenstadtbereich durch Lebensmittelgeschäfte oder Buchhandlungen den täglichen und mittelfristigen Bedürfnissen nach heimischen japanischen Produkten nachkommen, tragen eigene soziale und kulturelle Institutionen dazu bei, sich auch in der Fremde die eigene Kultur zu bewahren.

Japanische Kindergärten und Schulen sowie der japanische Club sind wichtig, um sich nach einer Rückkehr in der Heimat zurechtzufinden. Mit dem EKO-Haus des Japanischen Kultur e.V. entstand nach 1988 in Niederkassel ein Kulturzentrum, das den Besuchern neben dem buddhistischen Tempel und einem japanischen Garten auch ein originales japanisches Wohnhaus des 19. Jahrhunderts, Seminarräume sowie eine Bibliothek bietet.

Im Gegensatz zur weltstädtischen Betriebsamkeit der Innenstadt haben sich die nördlichen und erst 1975 eingemeindeten Stadtteile ihren niederrheinischen Charakter bewahren können. Baugeschichtlich interessant ist im bereits 1144 urkundlich erwähnten Wittlaer die Pfarrkirche St. Remigius (oben links), die im ersten Drittel des 13. Jahrhunderts ihre jetzige Gestalt als dreischiffige Pfeilerbasilika erhielt. Neben Ausstattungsgegenständen, die ebenfalls aus romanischer Zeit stammen, birgt die Kirche Werke zeitgenössischer Künstler aus den zwanziger und dreißiger Jahren wie Jan Thorn-Prikker, Wilhelm Teuwen und Ewald Mataré.

Schloss Heltorf in Angermund (unten links) wurde Ende des 17. Jahrhunderts errichtet und ist bis heute im Besitz der Grafen von Spee. Von der barocken Anlage hat sich die Vorburg erhalten, das Herrenhaus entstand zu Beginn des 19. Jahrhunderts. Hier befindet sich auch eine kunsthistorische Kostbarkeit, die leider nicht öffentlich zugänglich ist. Franz Anton Graf von Spee ließ 1825–1841 sechs großformatige Wandgemälde von Schülern des Direktors der Königlichen Kunstakademie, Wilhelm von Schadow, ausführen, die Szenen aus dem Leben Kaiser Barbarossas wiedergeben und zu den wichtigsten Beispielen monumentaler Historienmalerei im Rheinland zählen.

Schloss Kalkum (rechts) ist seit 1946 Eigentum des Landes Nordrhein-Westfalen und beherbergt eine Zweigstelle des Hauptstaatsarchivs. Das Gebäude stammt ursprünglich aus dem 17. Jahrhundert und erhielt im 19. Jahrhundert unter seinen damaligen Besitzern, den Grafen von Hatzfeldt, seine heutige Form. Auf dem Gelände befindet sich auch eine Gedenkstätte für den Gründer des Allgemeinen Deutschen Arbeitervereins, Ferdinand von Lassalle, der Sophie Gräfin von Hatzfeldt bei ihrem aufsehenerregenden Scheidungsprozess 1851 als Anwalt vertrat.

123

*K*aiserswerth, im Norden Düsseldorfs gelegen, geht auf ein fränkisches Königsgut des 8. Jahrhunderts zurück, das sich auf einer Insel – einem sogenannten Werth – in einem später verlandeten Altwasserarm des Rheins befand. Der angelsächsische Missionsbischof Suitbert errichtete hier 700 ein Benediktinerkloster. Den Kernbau der heutigen Suitbertus-Basilika bildet eine salische Pfeilerbasilika aus der zweiten Hälfte des 11. Jahrhunderts, während weitere Umbauten aus dem 13. Jahrhundert stammen. Von der romanischen Ausstattung ist leider nichts mehr erhalten, jedoch gehört zum heutigen Kirchenschatz der wertvolle, nach 1331 vollendete Reliquienschrein des Hl. Suitbertus. Der stimmungsvolle Stiftsplatz mit seinen schönen Häusern aus dem 17. und 18. Jahrhundert erinnert an die Stiftsimmunität, denn die Kirche war ursprünglich von einer hohen Mauer umgeben, deren Torbau an der Ostseite noch erhalten ist.

*W*eiter südlich ließ Kaiser Friedrich I. unmittelbar am Rhein zum Schutz des späteren Kanonikerstiftes aus dem benachbarten Königshof ab 1174 eine Reichsburg errichten. Diese bauliche Maßnahme stand in Zusammenhang mit der Verlegung des Rheinzolls vom niederländischen Thiel nach Kaiserswerth, das an der Kreuzung des Hellwegs mit der alten Römerstraße Köln–Xanten lag. Auf Grund ihrer strategischen Lage war die Stadt oftmals Belagerungen ausgesetzt und wurde im Spanischen Erbfolgekrieg 1702 fast vollständig zerstört, die Pfalz anschließend gesprengt. Heute stellt die imposante Ruine eines der wichtigsten Baudenkmäler im Rheinland dar und lässt die ehemalige Größe der Anlage unmittelbar erkennen.

An den 400. Geburtstag des Jesuitenpaters Friedrich Spee im Jahre 1991 erinnert ein bronzenes Epitaph des Bildhauers Bert Gerresheim an der Ostseite der Suitbertus-Basilika. Friedrich Spee wurde 1591 in Kaiserswerth geboren und setzte sich mit seiner Schrift „Cautio Criminalis" nachdrücklich für das Ende der Hexenverfolgung ein. Er gilt als einer der großen Barockdichter, dessen Kirchenlieder heute noch gesungen werden. Spee starb bei der Pflege Pestkranker und wurde so selbst ein Opfer der Seuche. Das Denkmal zeigt den katholischen Theologen, der seine Denkschrift in der Hand hält und eine der leidenden Frauen stützt. Ebenfalls dargestellt sind weitere Gegner der Hexenprozesse wie Johann Weyer, Cornelius Loos, Adam Tanner, Paul Laymann und Christian Thomasius.

Am östlichen Rand des Stadtgebiets liegt Gerresheim, das auf ein Kanonissenstift aus dem 9. Jahrhundert zurückgeht. Von überregionaler Bedeutung ist in dem 1909 eingemeindeten Stadtteil die ehemalige romanische Stiftskirche St. Hippolytus, die heutige Pfarrkirche St. Margareta. In der ersten Hälfte des 13. Jahrhunderts entstanden, handelt es sich bei dem Kirchengebäude um eines der eindrucksvollsten Beispiele der rheinischen Spätromanik und einen der besterhaltenen Kirchenbauten der stauffischen Zeit am Niederrhein.

Garath liegt im Süden Düsseldorfs und geht auf einen mittelalterlichen Rittersitz aus dem 12. Jahrhundert zurück. Zusammen mit dem Stadtteil Benrath wurde es 1929 eingemeindet und erlebte 1957 eine umfassende städtebauliche Neuorientierung. Da Garath fast nur aus Brachland bestand, konnte die Stadt hier einen neuen Lebensraum für 30.000 Menschen erschließen. Neben Wohnraum entstanden so auch Einkaufszentren, Schulen, Sportanlagen und Kirchen. Im Südosten des Stadtteils liegt an der Stelle des ehemaligen Rittersitzes Haus Garath, von dessen älterem Bau nur noch der dreigeschossige Torturm aus dem 17. Jahrhundert erhalten ist. Das zweistöckige Hauptgebäude wurde nebst flankierenden Türmen 1912 errichtet.

Im Stadtteil Holthausen befindet sich der ehemalige Rittersitz Haus Elbroich, dessen dreigeschossiger Turm mit geschweifter Haube und die Außenmauern des angrenzenden Gebäudeflügels aus dem frühen 17. Jahrhundert stammen. Die das Anwesen umgebenden Gräben und Teiche trockneten aus, als der Architekt Nicolas de Pigage um 1760 den Fluss Itter umleiten ließ, um Wasserspiele im Park von Schloss Benrath zu realisieren. Im 19. Jahrhundert gelangte Haus Elbroich in den Besitz der Bankiersfamilie Trinkaus, deren Nachkommen das Gebäude zu einem Landsitz umbauen ließen. Heute wird das von einem großen Landschaftspark mit seltenem Baumbestand umgebene Gebäude gewerblich genutzt.

Haus bzw. Schloss Eller befindet sich im gleichnamigen Stadtteil und war ursprünglich im Besitz der Ritter von Eller, einem der ältesten niederrheinischen Markgrafengeschlechter. Nach wechselvoller Geschichte entstand seit dem 15. Jahrhundert eine Wasserburg, von der nur ein Burgturm erhalten blieb. 1823 erwarb Carl Freiherr von Plessen das Anwesen und ließ ein zweigeschossiges Landhaus erbauen, in dessen Umgebung nach Zuschüttung fast aller Gräben eine wunderbare Parklandschaft entstand. Bis 2003 beherbergte Schloss Eller die Modeschule der Stadt Düsseldorf.

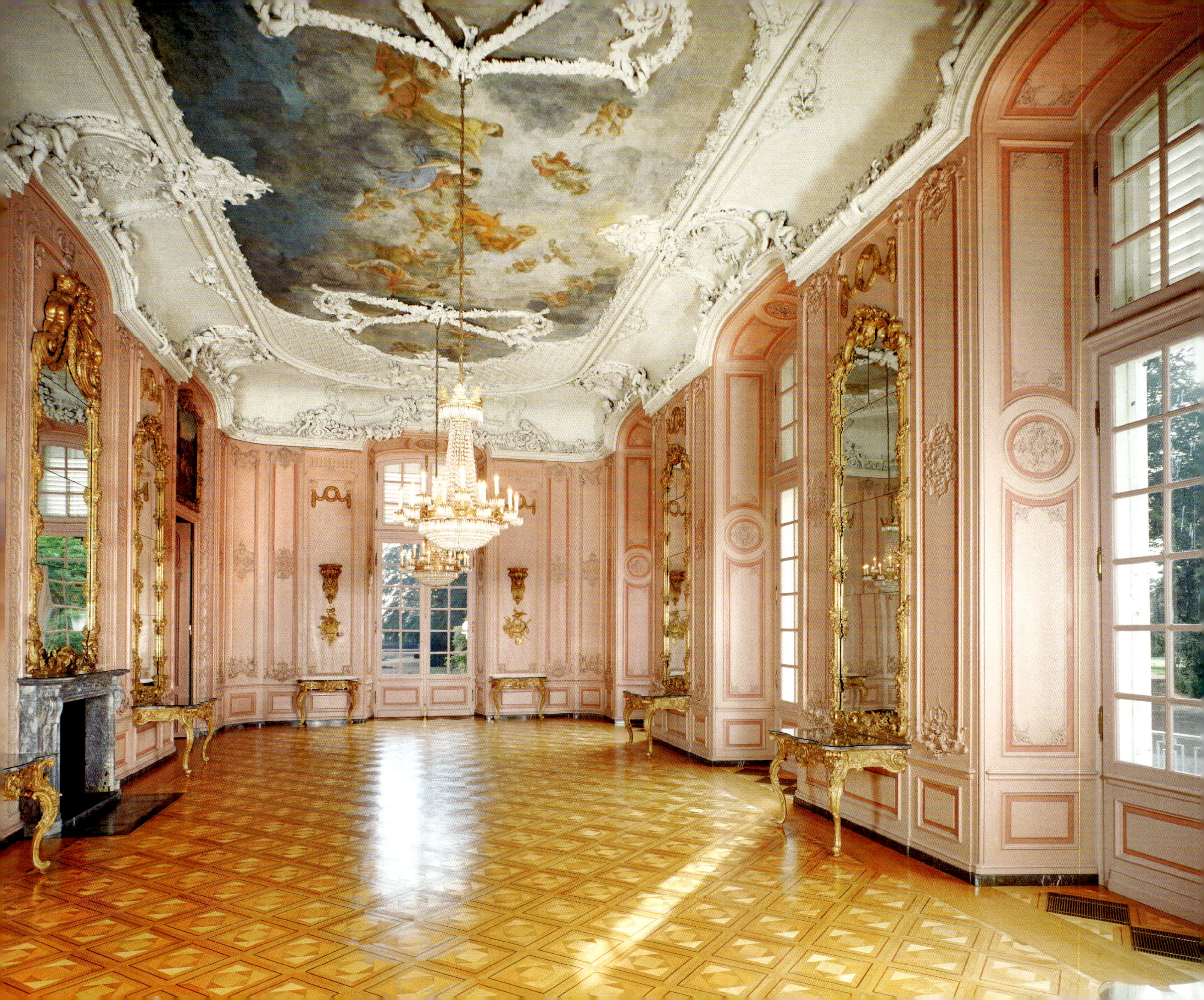

Benrath, im Süden Düsseldorfs gelegen, zählt zu den wohlhabenderen Stadtteilen und wird in einem Atemzug mit einer Hauptsehenswürdigkeit des gesamten Rheinlandes genannt – Schloss Benrath. Kurfürst Carl Theodor beschloss 1755 das bestehende, nicht mehr seinen Vorstellungen entsprechende alte Schloss durch einen Neubau zu ersetzen und übertrug die Gestaltung dem französischen Architekten Nicolas de Pigage, der bereits für seine Schlösser in Mannheim und Schwetzingen tätig geworden war. Carl Theodor wünschte für Benrath eine bescheidene, in der Natur gelegene fürstliche Wohnung von privatem Charakter, die dennoch einer gelockerten Etikette genügen würde. Der Architekt wählte als Bauform die des Lustschlosses, der sogenannten „maison de plaisance", welches dem Wandel des höfischen Lebens seit dem Absolutismus Rechnung trug. In enger Verbindung mit der Gartenanlage und den Gewässern entstand von 1756–1773 das neue Schloss an der Südseite des runden Weihers, das von zwei eingeschossigen Kavaliersbauten für die Hofgesellschaft flankiert wird. Im Zentrum der Anlage steht der runde Kuppelsaal des reich im Stil des Rokoko ausgestatteten Hauptgebäudes, um den herum streng symmetrisch alle Innenräume gruppiert und ebenso alle Achsen des Schlossparks ausgerichtet sind. Die von außen vorgetäuschte zweigeschossige architektonische Schlichtheit offenbart sich im Inneren als aufwändige bauliche Konzeption, welche aus nicht weniger als vier Geschossen, achtzig Räumen, zwei Lichthöfen und sieben Treppen besteht. Das museale Gesamtkunstwerk von Schloss und Park ist heute eines der beliebtesten rheinischen Ausflugsziele und beherbergt u.a. das Museum für Europäische Gartenkunst.

Folgende Doppelseite: S.130/131
Schloss Benrath, Hauptgebäude mit Kavaliersbauten

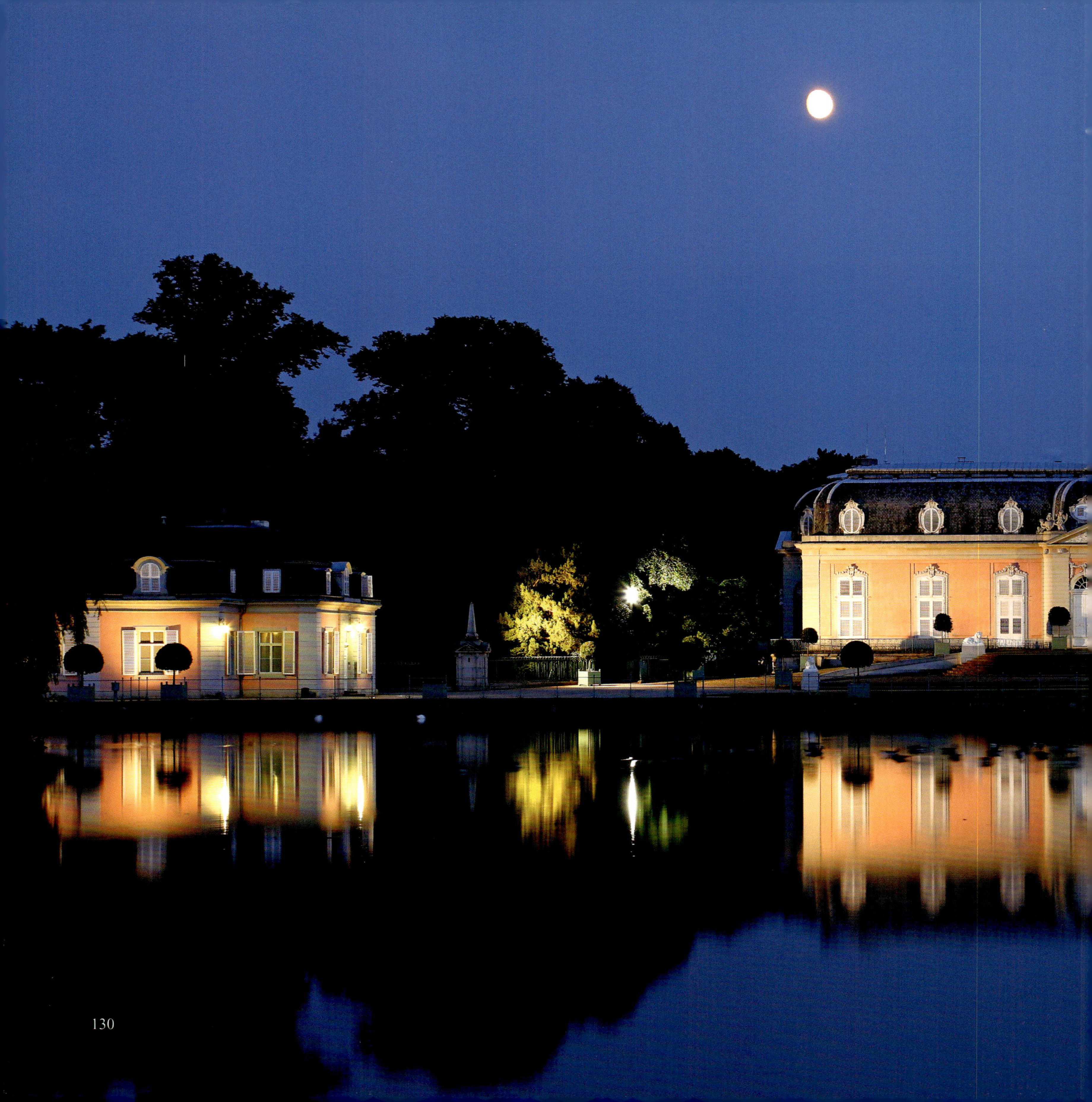

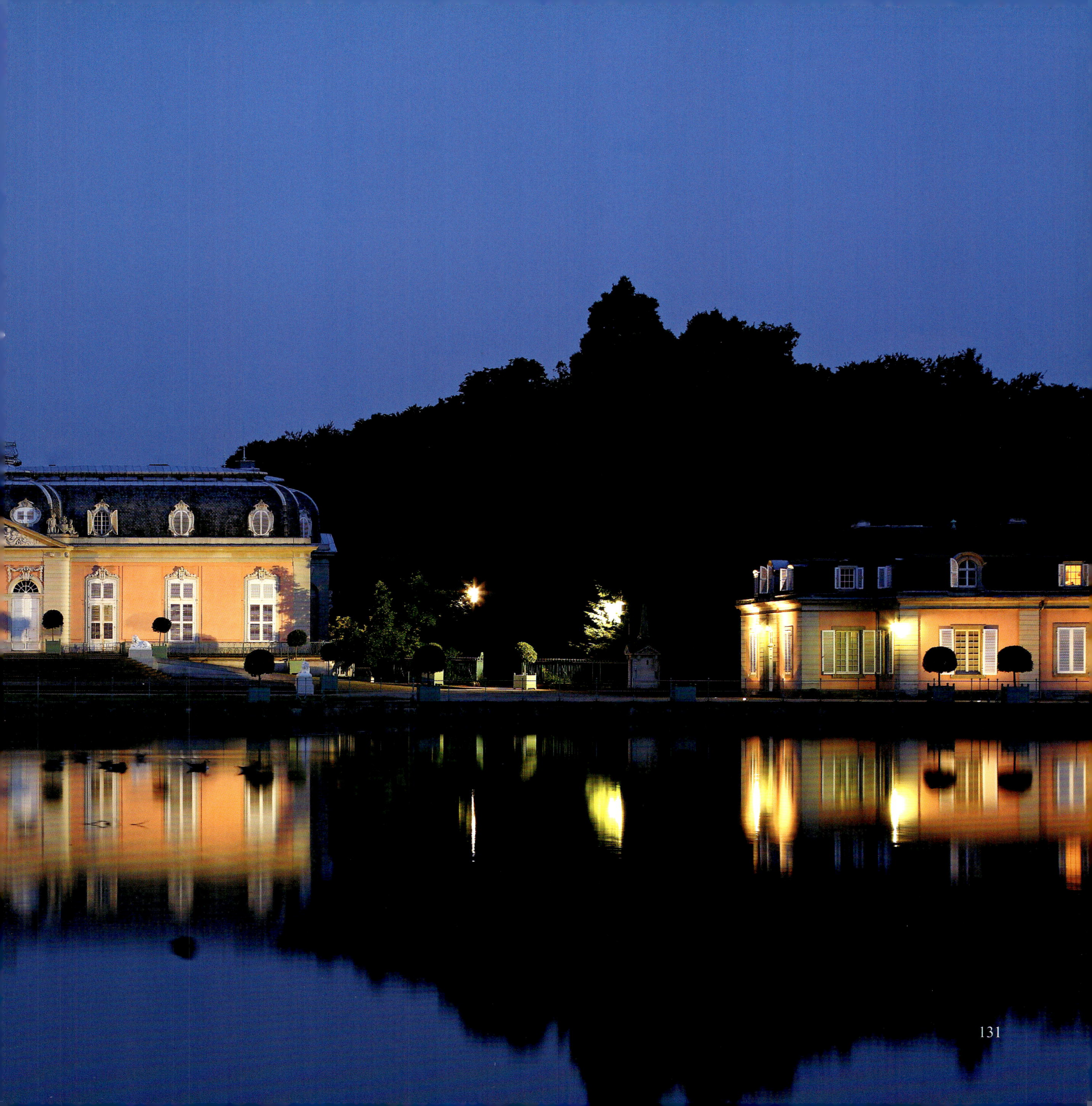

Dank: Der Verlag bedankt sich bei den Kollegen des Stern-Verlages, Düsseldorf, insbesondere bei Frau Tessa Jäger, für deren unermüdliche Hilfestellung beim Entstehen des vorliegenden Bandes.

Bildnachweis: Seiten 6 und 7: Landeshauptstadt Düsseldorf – Stadtmuseum, Inv.-Nr. ZV 7936-1/ZV 7936-2
Foto: Stefan Arendt, Medienzentrum Rheinland
© VG Bild-Kunst

Seite 32: Kunstsammlung Nordrhein-Westfalen, Nicholas de Stael, „Figure au bord de la mer", 1952
Foto: Walter Klein, Düsseldorf
© VG Bild-Kunst

Seiten 128/129: Walter Klein, Stiftung Schloss und Park Benrath, Photothek

© by STADT-BILD-VERLAG LEIPZIG 2011
2., veränderte Auflage
Alle Rechte beim Verlag.
Herausgeber: Stern-Verlag Düsseldorf 2011
www.buchsv.de
Satz, Lithographie und Binden:
Leipziger Medienservice
Gerichtsweg 28 · 04103 Leipzig
Fernruf: 0341/22 10 229
Telefax: 0341/22 10 226
Fernpost: info@stadt-bild.de
www.stadt-bild.de
ISBN 978-3-87784-037-5

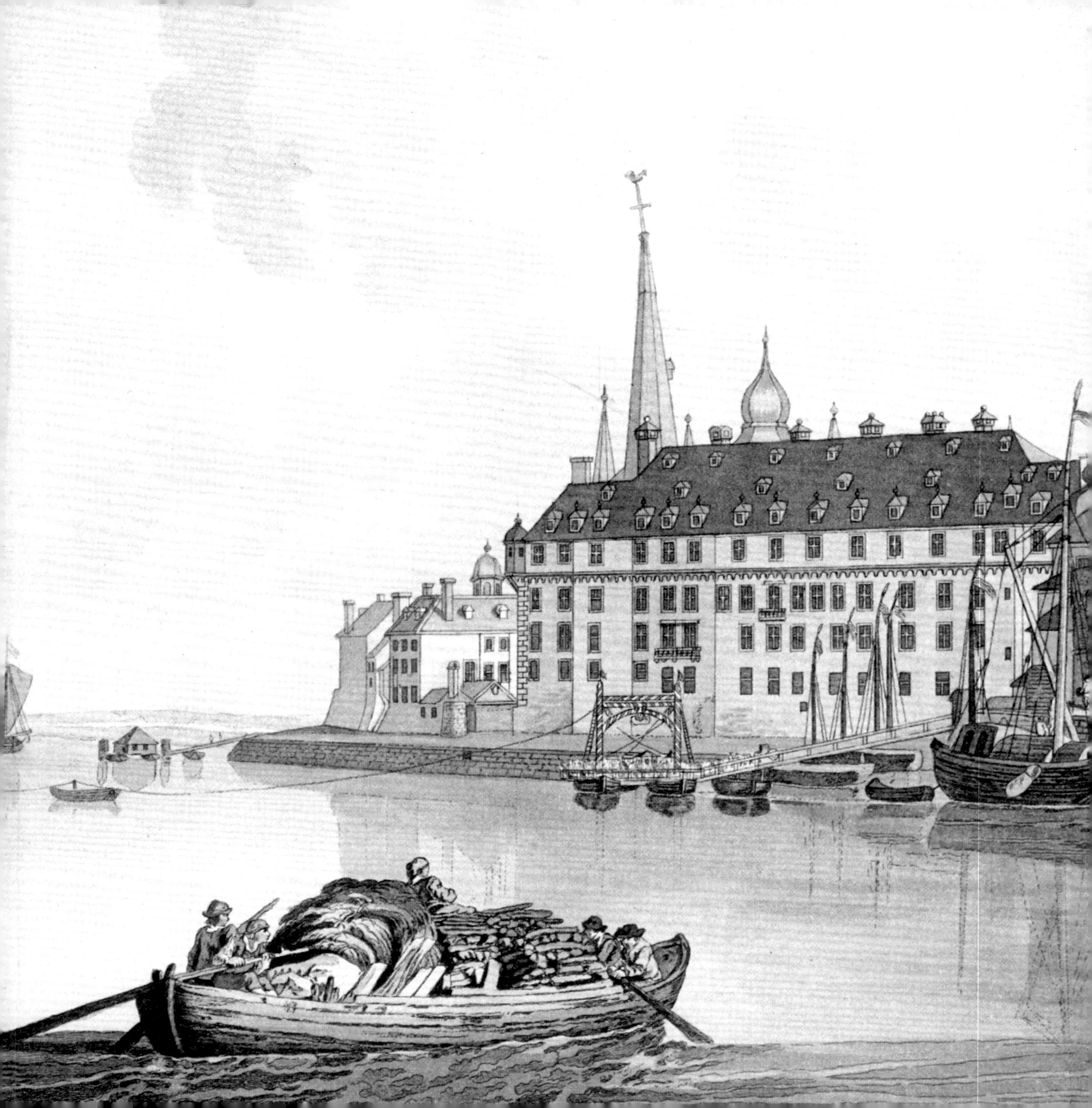

DÜSSELDORF
DIE RHEINISCHE METROPOLE

English	1
Français	4
Español	7
Русский Russisch	11
日本語 Japanisch	15
中文 Chinesisch	18

English

The manifold town pictures collected in this volume portray an individual mixture of a rural village atmosphere combined with fashionable big city life embedded in parks and preserved natural reservations. This is what makes Düsseldorf so unique and ensures its position as the city with the highest standard of living in Germany. It is a city of world renown, whose atmosphere of tradition, innovation, the big river and Rhenish cheerfulness enriches everyday life

p. 10-11
The Düsseldorf town hall with the equestrian statue of elector Jan Wellem.

p. 12-13
The bronze Stadterhebungsmonument in the north eastern part of Burgplatz, designed by Bert Gerresheim in 1988, shows important events of the city's history.
The Old Port at the Rathausufer (townhall banks) with an "Aalschocker", which is typical of fishing in the Rhine area.

p. 14-15
The banks of the river Rhine with water gauge in the old town centre are one of the most beautiful promenades in Germany.

p. 16-17
Since 1993 the so-called "Jazz Rallye" transforms Düsseldorf into the German capital of jazz once a year.

p. 18-19
St. Maximilian church in the old town is one of the best-known and most popular churches in Düsseldorf.

p. 20
The Heinrich-Heine-sculpture by the Düsseldorf artist Bert Gerresheim.

p. 21
The Heinrich-Heine institute on Bilker Strasse is the only museum world-wide dedicated to this poet and writer who was born in Düsseldorf in 1797.

p. 22-23
The Protestant Neanderchurch on Bolkerstrasse. Because of its important church organ it is a much frequented venue for musical events.

p. 24-25
The castle tower on Burgplatz is one of the landmarks of Düsseldorf and hosts a museum of inland navigation. This place with its wide stairs is a popular meeting-point for people of all ages.

p. 26-27
At the beginning of Bergerstrasse in the old town you find one of Düsseldorf's most popular pubs, the "Uerige". This traditional pub is one among only four local breweries still producing "Altbier".

p. 28-29
Once a year, on "Japanese day", visitors can immerse into east Asian traditions with its climax at the end of the day: the incomparable Japanese fireworks.

p. 30
"Figure by the Sea" by the French artist Nicolas de Staël is part of the permanent exhibition in the art gallery Northrhine-Westphalia K 20.

p. 31
The art gallery K 20 concentrates on classic works of the last century and holds an eminent position in the international world of art.

p. 32-33
The Düsseldorf Art Academy, founded by elector Carl Theodor in 1773, is regarded as one of the most important training centres since the 19th century.

p. 34-35
Carnival holds all of Düsseldorf in its grip with its climax, the Rosenmontagszug, which is cheered every year by hundreds of thousands "Jecken" (fools).

p. 36-37
The Kom(m)ödchen in the old town is one of the most popular political/literary cabarets in Germany.

p. 38-39
The Hetjens-Museum, situated directly at the old port in Palais Nesselrode, contains a unique collection, which presents the entire history of pottery from its beginnings to the present day, covering all cultures and eras.

p. 40-41
On the top of advertising columns in the city

centre you can find realistic human sculptures designed by the Düsseldorf artist Christoph Pöggeler.

p. 42-43
The history of St. Lambertus church, one of the oldest buildings of the city and its original first church, dates back to the year 1159.

p. 44-45
Sankt Andreas church (finished in 1629) is counted among the most interesting buildings of the period between renaissance and baroque. The mausoleum displays the richly decorated pewter sarcophagus of elector Jan Wellem, who died in 1716.

p. 46-47
The promenade on the river Rhine with the first high-rise building of Germany constructed with a cast-iron support system, today headquarter of Vodafone Germany.

p. 48-49
The building of the regional administration is designed after the model of a many-winged baroque building grouped around inner courtyards.

p. 50-51
The parliament of Northrhine-Westphalia with its circular chamber.

p. 52-53
The Neue Zollhof in the Media Port

p. 54
A view from the television tower on the media port and the marina.

p. 55
The "Art and Media Centre Rhine Port" by the American architect Frank O. Gehry is located at the beginning of the "media mile" in the former industrial port.

p. 56-57
The protected "Old Malthouse" of The Dortmund Union Kronen Brewery, next to the "Colorium" and the "Roggendorf" building with "Flossies", plastic sculptures by the Stuttgart artist Rosalie

p. 58
The regional studios of the West-German broadcasting corporation on Stromstraße

p. 59
The "Town Gate" is one of the most fascinating high-rise buildings of Düsseldorf, hosting as its most famous tenant the prime minister of Northrhine-Westphalia.

p. 60-61
A view of the river Rhine at dusk

p. 62
The big sculpture "Father Rhine and his daughters" at the Kaiserteich (emporer's pond) in front of the entrance to the former upper chamber

p. 63-65
The art gallery K 21, located in the part of town called Friedrichstadt, is one of Düsseldorf's most impressive buildings hosting a museum. It displays an extensive collection of high-ranking works of contemporary art from Northrhine-Westphalia on 5300 square metres. The building used to be the upper chamber of the formerly Prussian parliament for the Rhine area in Düsseldorf.

p. 66-67
Since 1836, horse races take place in Düsseldorf. The "Henkel Prize of Diana" is the most important event of the year on the racetrack located in Grafenberg.

p. 68-69
Horse-races require fashionable dresses and hats - not only in Ascot, but in Düsseldorf, too.

p. 70-71
Sport has always been highly esteemed in Düsseldorf. Apart from tennis, ice hockey and football the FIS cross-country skiing world cup on the Rhine promenade is one of the sportive highlights.

p. 72
One of the most prominent associations is the brotherhood of St. Sebastian, founded in 1316, which annually celebrates its anniversary with the "biggest fair on the banks of the river Rhine". People on horses or in historical costumes, uncountable music groups and coaches on the Reitallee in Hofgarten.

p. 73
The "Round Pond" of the Hofgarten with the fountain called "De gröne Jong" (the green boy)

p. 74
Johann Wolfgang von Goethe stayed in the residence of the philosopher Friedrich Heinrich Jacobi from 1774 to 1792, whenever he visited Düsseldorf.

p. 75
Elector Carl Theodor built the palace Jägerhof after designs of Johann Joseph Couven and Nicolas de Pigage in 1772. Since 1987 it hosts the Goethe-Museum with more than 35000 objects from this era.

p. 76
The 16 "light benches" of Düsseldorf artist Stefan Sous magically illuminate the Lindenalle in front of palace Jägerhof.

p. 77
The pavilions of the "Ratinger Gate" designed by the architect Adolph von Vagedes and built from 1811 to 1815

p. 78-79
The "German Opera on the Rhine", a theatre association of the cities of Düsseldorf and Duisburg, very conscious of its traditions, holds the biggest ensemble in Germany und produces more than forty different operas, musicals, operettas and about ten ballets every season.

p. 80-81
The Museum Kunstpalast of Ehrenhof at the Hofgartenufer presents works from the gallery of Jan Wilhelm to modern art and special exhibitions in the protected building.

p. 82-83
The prominent building complex consisting of Tonhalle and Ehrenhof is located in the north of the old town on the banks of the river Rhine. It was built in the years 1925/26 and designed by the architect Wilhelm Kreis on the occasion of the exhibition GeSoLei. The topmost platform of the circular building is decorated with a gilded bronze statue of Pallas Athene, patron of science and art.

p. 84-85
The Tonhalle, formerly a planetarium, is an extremely impressive concert hall und the musical home of the Düsseldorfer Symphoniker.

p. 86-87
The Friedenskirche (peace church), reconstructed in 1951, with the installation "Ways of light - lights for ways", illuminating the nave on occasion of the "long nights of museums" in 2008. After WW II the Catholic Rochuskirche in Pempelfort was rebuild with a modern domed roof.

p. 88-89
The theatre at the Gustaf-Gründgens-Platz, designed by Bernhard Pfau, continues a great Düsseldorf tradition.

p. 90-91
Every year in springtime 6.5 million blue crocuses miracuously turn the lawn of the Rhine Park at Cecilienalle in a „blue ribbon" 2.5 kilometres long.

p. 92
The Düssel feeds the Kögraben (Köditch) with its fountain consisting of a group of tritons.

p. 93
Since 1985 the Bücherbummel (book stroll) turns the Königsallee into Germany's biggest open air bookstore every year.

p. 94-95
The Düsseldorf Königsallee represents fashion, luxury, a high quality of life and economic success. One of the most prominent and exclusive shopping malls is the Kö-Galerie, finished in 1986.

p. 96-97
The Stilwerk on Grünstrasse is a design store for high-quality fittings and furnishings and lifestyle accessories (left). Sevens also belongs to the most beautiful malls on Königsallee and won an award for its construction and design.

p. 98-99
One of Europe's biggest bookstores is the Buchhaus Stern-Verlag on the southern extension of Königsallee.

p. 100
The Schadow arcades with more than 70 shops on two floors mark the beginning of the Schadowstrasse, one of the most topselling streets in Germany.

p. 101
The Square dedicated to the reunification of Germany with its sailing fountain by the artist Heinz Mack

p. 102
The Wilhelm-Marx-Haus from 1924 was - after finishing - with a height of 57 metres and 12 floors above ground the first highrise in Düsseldorf and one of the earliest in Germany.

p. 103
The Bertha-von-Suttner Platz with its stainless steel sculptures by the artist Horst Antes is at the back of the main station and surrounded by postmodern buildings from the year 1985.

p. 104-105
The fair is one of the economic forces of the state capital, which over the last decades made Düsseldorf to one of the leading fairs worldwide.
The ESPRIT arena, built in 2004, is a multifunctional venue, which replaced the Rhine stadion and has more the 51500 seats.

p. 106-107
Düsseldorf Airport International is the third-biggest airport of Germany with 18 million passengers and 200000 flights.

p. 108-109
Every year more than 500000 visitors are fascinated by the almost 450 species in aquariums and terrariums at the Aquazoo and Löbbecke Museum. The "Japanese Garden on the Rhine" was officially opened in 1975 and is a gift of Japanese companies and the Japanese community to their hosts.

p. 110-111
The botanical gardens of Düsseldorf University with its domed greenhouse, 18 m high
The almost lifesize sculpture of Heinrich Heine in front of the library, after whom the university got its name.

p. 112
3 sculptures, called "Nessy", 8 meters high and very colourful, made of galvanized steel pipes, serve the airing of the Düsseldorf sewerage system.

p. 113
The "time field" by the sculptor and Düsseldorf art professor Klaus Rinke was constructed on the occasion of the national flower fair in 1987. It is situated at the edge of the Volksgarten (people's garden) in Oberbilk.

p. 114-115
A view across Rheinkniebrücke to Oberkassel and the port

p. 116-117
Oberkassel, located on the left bank of the river Rhine, is now one of the most elegant living quarters of the city due to its historic building stock.

p. 118-119
On the meadows in Oberkassel, just across the river from the old town, the biggest fair on the Rhine has been organized since 1901. This fair is one of the most frequented fun-fairs in Germany with more then 4 million visitors every year.

p. 120-121
After 1988 the EKO-Haus of the Japanese cultural association contains a cultural centre, a buddhist temple and an original Japanese residential bulding from the 19th c., surrounded by Japanese gardens.

p. 122-123
The parish church St. Remigius in Wittlaer (top left) with works by contemporary artists of the 1920s and 1930s.
Castle Heltorf in Angermund (bottom left) was build at the end of the 17 c and up to this day belongs to the counts of Spee. What is left of the baroque ensemble is the gatehouse, the mansion was build at the beginning of the 19th c.
Castle Kalkum (right) was originally build in the 17th c, but was refurbished in the 19th c by its former owners, the counts of Hatzfeld.

p. 124
The ruins of the palace, which was commissioned by emporer Friedrich Barbarassa in Kaiserswerth in 1174, is one of the most important architectural monuments in Düsseldorf. Furthermore worthwhile visiting are the atmospheric with its beautiful old houses and Suitbertus basilica, a Salian pillar basilica from the 2nd half of the 11th c, with the valuable reliquary tomb of St. Suitbertus.

p. 125
The bronze epitaph by the sculptor Bert Gerresheim at the east-wing of Suitbertus-Basilika is in memory of the Jesuit Friedrich Spee, one of the most eminent German baroque poets and fighters against witch-hunts.

p. 126
Parish church St. Margareta was built in Gerresheim in the 13th c; it is one of the most impressive and best-preserved religious buildings of the late Rhenish Romanic era.

p. 126
Haus Garath used to be a medieval knight's manor from the 12th c.

p. 127
You can find the former knight's manor Haus Ellbroich from the 17th c in the part of town called Holthausen.

p. 127
Haus Eller used to be in the possession of the knights of Eller, one of the eldest families of margraves of the lower Rhine area. What is left of the castle surrounded by moats from the 15th c is the tower

p.128-131
In 1755 elector Carl Theodor commissioned the French architect Nicolas de Pigage to build Benrath palace with its vast park. Nowadays this synthesis of nature and buildings is one of the most popular destinations of the Rhine area and hosts among others the museum of European horticulture.

Français

Les photos réunies dans ce volume montrent la combinaison unique entre l'ambiance d'un village rural et celle d'une grande ville à la mode parsemée de parcs et d'espaces naturels protégés. C'est ce qui rend Düsseldorf unique et en fait la ville d'Allemagne où la qualité de vie est la meilleure. C'est une ville de renommée mondiale, dont l'atmosphère de tradition, d'innovation, ainsi que le fleuve et la gaieté rhénane enrichissent la vie quotidienne.

p. 10-11
La mairie de Düsseldorf avec la statue équestre du Prince Électeur Jan Wellem.

p. 12-13
Le monument en bronze créé en 1988 par Bert Gerresheim illustre des événements importants de l'histoire de la ville. Il se trouve dans la partie nord-est de la cour du château.
L'ancien port, près de la berge de la mairie, avec l'un de ses « Aalschokker », bâteaux typiques de la navigation sur le Rhin, destinés à la pêche aux anguilles.

p. 14-15
Les rives du Rhin sont l'une des plus belles promenades d'Allemagne.

p. 16-17
Chaque année depuis 1993, le « rallye du Jazz » transforme Düsseldorf en capital du Jazz.

p. 18-19
« St. Maximilien », dans la vieille ville, est l'une des églises les plus réputées et les plus populaires de Düsseldorf.

p. 20
Le monument à Heinrich Heine conçu par l'artiste de Düsseldorf Bert Gerresheim.

p. 21
L'institut Heinrich Heine, dans la Bilker Strasse, est le seul musée du monde dédié à Heine, poète et écrivain né à Düsseldorf en 1797.

p. 22-23
La « Neanderkirche » (église évangélique) dans la Bolkerstrasse. Son orgue remarquable en fait un lieu important pour les manifestations musicales.

p. 24-25
La tour du château sur la Burgplatz est l'un des emblèmes de la capitale. Elle abrite le musée de la navigation fluviale. Avec ses grands escaliers qui descendent au Rhin, ce lieu est un point de rencontre habituel pour des gens de tous âges.

p. 26-27
Au début de la Bergerstrasse, au centre de la vieille ville, se trouve le « Uerige » l'un des pubs les plus populaires de Düsseldorf. Ce pub traditionnel est l'une des quatre dernières brasseries qui produisent encore de la « Altbier » à Düsseldorf.

p. 28-29
Une fois par an, pendant le « jour japonais », le visiteur peut plonger dans les traditions de l'Extrême-Orient. Le couronnement de la journée est un feu d'artifice japonais incomparable.

p. 30
L'oeuvre « Figure au bord de la mer » (1952) du peintre français Nicolas de Staël fait partie de la collection d'art de la Rhénanie du Nord Westphalie K20.

p. 31
La galerie K20 dans la vieille ville est consacrée aux œuvres classiques du siècle dernier et occupe une position éminente dans le monde de l'art à niveau international.

p. 32-33
Depuis le 19ème siècle, l'Académie des Beaux-Arts de Düsseldorf, fondée en 1773 par le Prince Electeur Carl Theodor, est considérée comme l'un des plus importants centres de formation d'Europe.

p. 34-35
Le carnaval de Düsseldorf est une manifestation qui entraîne toute la ville. Acclamé chaque année par des milliers de « Jecken », le « Rosenmontagszug » en est le point culminant.

p. 36-37
Le « Kom(m)ödchen », dans le vieux quartier de Düsseldorf, est l'un des « cabarets » politico-littéraires les plus renommés d'Allemagne.

p. 38-39
Le Musée Hetjens, qui se trouve près du vieux port dans le Palais Nesselrode, possède une collection unique au monde qui retrace toute l'histoire de la poterie de ses débuts à nos jours, couvrant toutes les cultures et les époques.

p. 40-41
Au coeur de la ville, sur des colonnes publicitaires, on peut admirer des sculptures humaines réalistes de l'artiste de Düsseldorf Christoph Pöggeler. On les appelle les « Saints-colonne ».

p. 42-43
L'histoire de « St. Lambertus » - la première église de Düsseldorf et l'un des bâtiments les plux anciens – remonte à 1159.

p. 44-45
L'église « St. Andreas » (achevée en 1629), dans la vieille ville, fait partie des bâtiments les plus intéressants de la période comprise entre la fin de la Renaissance et le début de l'époque baroque. Dans le mausolée se trouve le sarcophage en étain richement décoré du Prince Electeur Jan Wellem, décédé en 1716.

p. 46-47
La promenade du Rhin, avec le premier gratte-ciel allemand à structure en tubes d'acier, actuellement siège de la compagnie Vodafone.

p. 48-49
Le bâtiment du gouvernement régional a été conçu d'après le modèle d'un château de l'époque baroque. Ses ailes multiples entourent des cours intérieures.

p. 50-51
Le parlement de la Rhénanie-Westphalie avec sa salle d'assemblée circulaire

p. 52-53
Le Neue Zollhof (la nouvelle douane) dans le MedienHafen

p. 54
Le « MedienHafen » et la « Marina » vus depuis la tour de télévision

p. 55
Construit par l'architecte américain Frank O. Gehry, le Centre d'Art et des Médias du Port du Rhin, se trouve au commencement de la « Media Meile », dans l'ancien port industriel.

p. 56-57
Le monument historique « Ancienne malterie de la brasserie Dortmunder Union Kronen ». A côté, le « Colorium » et le « Roggendorf Haus » avec des « Flossies », figurines en plastique de l'artiste de Stuttgart, Rosalie.

p. 58
Le studio régional de radiodiffusion d'Allemagne de l'Ouest Rundfunk dans la Stromstraße

p. 59
La « porte de la ville » est l'un des gratte-ciels les plus fascinants de Düsseldorf. Son locataire le plus renommé est le premier ministre (Chancellerie de Rhénanie du Nord Westphalie).

p. 60-61
Vue panoramique du Rhin au crépuscule

p. 62
La grande sulpture « Père Rhin et ses Filles » à « L'étang de l'Empereur » (Kaiserteich) devant l'entrée de l'ancienne « Ständehaus » (Siège du Gouvernement)

p. 63-65
Le musée d'art « K21 » est situé dans le quartier de Friedrichstadt. Ce bâtiment, l'un des plus impressionnants de la région abritant un musée, était la chambre haute de l'ancien Parlement de Prusse de Düsseldorf. Le K21, dont la superficie est de 5300 m², abrite une vaste collection d'œuvres d'art contemporain de toute première qualité de la Rhénanie-Westphalie.

p. 66-67
Depuis 1836 des courses de chevaux ont lieu à Düsseldorf. Le prix annuel « Henkel Prix de Diane » à l'hippodrome de Grafenberg est la course la plus importante de l'année à Düsseldorf.

p. 68-69
Il n'y a pas qu'à Ascot que l'on porte des robes et des chapeaux élégants pour les courses de chevaux. A Düsseldorf aussi!

p. 70-71
Le sport a toujours été très important à Düsseldorf. On y pratique le tennis, le hockey sur glace et le football. L'un des événements sportifs les plus importants est la coupe du monde de ski de fond qui a lieu sur les rives du Rhin.

p. 72
La confrérie « St. Sebastianus Düsseldorf », fondée en 1316, et l'une des plus importantes de la ville. Chaque année en juillet, elle commémore sa fondation avec la « Größte Kirmes am Rhein » (Fête foraine sur les rives du Rhin) avec une parade dans la Reitallee dans le Hofgarten.

p. 73
« L'étang rond » du Hofgarten avec la fontaine « De gröne Jong» (Le garçon vert)

p. 74
Lors de ses visites à Düsseldorf, en 1774 et en 1792, Johann Wolfgang von Goethe séjournait chez le philosophe Friedrich Heinrich Jacobi dont voici la maison.

p. 75
Le Prince Electeur Carl Theodor fit construire le château « Jägerhof » (achevé en 1792) d'après

des esquisses de Johann Joseph Couven et de Nicolas Pigage. Depuis 1987, il abrite le musée de Goethe avec 35.000 objets de son époque.

p. 76
La nuit, les 16 « colonnes lumineuses », imaginées par l'artiste de Düsseldorf Stefan Sous, plongent dans une lumière féerique la double allée de tilleuls qui se trouve devant le château « Jägerhof ».

p. 77
Les pavillons de la « Ratinger Tor », construits d'après les plans de l'architecte Adolph von Vagedes entre 1811 et 1815.

p. 78-79
« L'Opéra Allemand du Rhin », une collaboration déjà ancienne entre les villes de Düsseldorf et de Duisburg, possède l'ensemble le plus important d'Allemagne et produit plus de 40 opéras differents, ainsi que des comédies musicales, des opérettes et environ 10 ballets.

p. 80-81
Dans le bâtiment du musée historique de « Ehrenhof » au Hofgartenufer, le musée « kunst palast » présente des oeuvres allant de la Galerie d'Art Jan Wellem jusqu'à l'art moderne. On y organise aussi des expositions temporaires.

p. 82-83
Au nord de la vieille ville, se dresse l'imposant ensemble de bâtiments de la « Tonhalle » et du « Ehrenhof », conçu selon les plans de l'architecte Wilhelm Kreis à l'occasion de l'exposition GeSoLei 1925/1926. La statue de bronze doré de la « Pallas Athene », la patronne des sciences et des arts, orne la plate-forme supérieure de la rotonde.

p. 84-85
La « Tonhalle », construite à l'origine comme planetarium, est une très impressionante salle de concert et la « patrie musicale » des « Düsseldorfer Symphoniker ».

p. 86-87
« L'église de la Paix » (Friedenskirche) avec l'installation « Voies de Lumière – Lumières de voies » a illuminé l'église à l'occassion de la « Longue Nuit des Musées 2008 ». Après la deuxième guerre mondiale, la « Rochuskirche » a été reconstruite dans le quartier de Pempelfort sous la forme d'une rotonde à coupole.

p. 88-89
Le théâtre sur la place « Gustaf Gründgens », conçu par Bernhard Pfau, perpétue la grande tradition du théâtre à Düsseldorf. Tout près de là, la « Dreischeibenhaus » (le gratte-ciel à trois niveaux), achevée en 1960, est l'un des plus célèbres gratte-ciels d'Allemagne.

p. 90-91
Chaque année au printemps, les pelouses du Rheinpark, le long de la Cecilienallee, se transforment en un « ruban bleu » de 2,5 km de longueur grâce à 6,5 millions de crocus bleus.

p. 92
Le « Kö-Graben » avec la fontaine néo-baroque « Le groupe des Tritons » qui est alimentée par la Düssel.

p. 93
Depuis 1985, l'annuelle « Promenade des Livres » (Bücherbummel) transforme la « Königsallee » en la plus grande librairie en plein air d'Allemagne.

p. 94-95
La Königsallee à Düsseldorf est synonyme de mode, luxe, qualité de vie et réussite. La « Kö-Galerie », construite en 1986, est l'un des plus célèbres centres commerciaux du monde.

p. 96-97
Dans la « Grünstrasse » (à gauche) se trouve le « Stilwerk », un grand magasin de design pour la décoration haut de gamme et les accessoires « lifestyle ». Le bâtiment « Sevens », qui a reçu un prix pour son architecture, est l'un des plus beaux « malls » de la Königsallee (à droite).

p. 98-99
L'une des plus grandes librairies d'Europe se trouve sur le prolongement sud de la Königallee: le Stern-Verlag.

p. 100
Les Arcades Schadow, avec plus de 70 magasins sur deux niveaux, constituent le début de la Schadowstrasse, l'une des rues où l'on obtient le plus important chiffre d'affaires d'Allemagne.

p. 101
La « Place de l' Unité Allemande » avec le « Segelbrunnen » de l'artiste Heinz Mack.

p. 102
La « Maison Wilhelm – Marx », construite en 1924 était, avec ses 57 mètres de haut et ses douze étages, le premier gratte-ciel de Düsseldorf et l'un des premiers d'Allemagne.

p. 103
La « Place Bertha von Suttner » avec ses sculptures en acier inoxydable de l'artiste Horst Antes, est situé derrière la gare centrale de Düsseldorf et est entourée d'un ensemble postmoderne de 1985.

p. 104-105
La foire est l'un des moteurs économiques de Düsseldorf. Au cours des dernières décennies, elle est devenue l'une des plus importantes, non seulement d'Allemagne, mais aussi du monde entier.
La « ESPRIT arena », créée en 2004, est un espace polyvalent qui remplace le « Stade du Rhin » et dispose de 51500 places assises.

p. 106-107
Avec environ 18 millions de passagers et 200000 vols par an, l'aéroport de Düsseldorf est le troisième d'Allemagne.

p. 108-109
Chaque année, plus de 500000 visiteurs sont fascinés par près de 450 espèces animales dans les aquariums et terrariums du Aquazoo et du musée Löbbecke.
Inauguré en 1975, « le jardin japonais du Rhin » dans le Nordpark est un cadeau d'entreprises japonaises et de la communauté japonaise de Düsseldorf à leurs hôtes.

p. 110-111
Le Jardin Botanique de l'Université de Düssel-

dorf, avec sa serre couronnée d'un dôme de 18 mètres de haut. Devant la bibliothèque universitaire, la statue de bronze, pratiquement de taille réelle, de Heinrich Heine, qui donna son nom à l'université.

p. 112
Avec leurs huit mètres de haut et leurs couleurs variées, les trois monstres marins appelés « Nessy », sont fait de tuyaux en acier galvanisé, et servent de système de ventilation pour les égouts de Düsseldorf.

p. 113
« La Zone Temps », conçue par Klaus Rinke, un sculpteur et professeur d'Art à l'Académie de Düsseldorf, a été construite à l'occasion de l'exposition florale de 1987 « Bundesgartenschau ». La sculpture se trouve dans le « Volksgarten » (Jardin du Peuple) à Oberbilk.

p. 114-115
Vue sur la Rheinkniebrücke, sur Oberkassel et sur le port

p. 116-117
Oberkassel, sur la rive gauche du Rhin, avec ses bâtiments historiques, est aujourd'hui l'un des quartiers les plus élégants de la ville.

p. 118-119
Depuis 1901, la plus grande kermesse au bord du Rhin est organisée dans le pré de Oberkassel, « Rheinwiese », situé en face de la vieille ville, de l'autre côté du fleuve. Chaque année en juillet, 4 millions de visiteurs participent à cette grande fête, l'une des plus populaires d'Allemagne.

p. 120-121
Depuis 1988, la Maison EKO de l'association culturelle du Japon réunit à Niederkassel un centre culturel, un temple boudhiste et une maison japonaise construite au 19ème siècle et entourée de jardins japonais.

p. 122-123
L'église paroissiale de « St. Remigius » à Wittlaer (en haut à gauche) avec des œuvres d'art des années vingt et trente.

Le château « Heltorf » (en bas à gauche) construit à Angermund à la fin du 17ème siècle appartient encore aujourd'hui au comte de Spee. Du château baroque ne reste que le châtelet. Le manoir a été érigé au début du 19ème siècle.
Le château « Kalkum » (à droite), construit au 17ème siècle, fut rénové au 19ème siècle par ses anciens propriétaires, les Comtes de Hatzfeld.

p. 124
Les ruines du palais, construit en 1174 par Frédéric Barberousse à Kaiserswerth, est l'un des monuments les plus importants de Düsseldorf. D'autres lieux d'intérêt sont la place de l'église, avec ses magnifiques vieilles maisons ainsi que la Basilique salienne de Suitbertus, qui date de la seconde moitié du 11ème siècle et qui abrite le précieux reliquaire de Saint Suitbertus

p. 125
Plaque en bronze créée par le sculpteur Bert Gerresheim, sur le côté est de la Basilique Subertus, à la mémoire du Jésuite Friedrich Spee, l'un des plus éminents poètes baroques d'Allemagne qui lutta également contre la chasse aux sorcières.

p. 126
L'église paroissiale de « St. Margareta » fut construite au 13ème siècle à Gerresheim. C'est une des églises les plus impressionnantes et les mieux conservées de la fin de l'époque romane.

p. 126
« Haus Garath », fut un château-fort au 12ème siècle.

p. 127
« Haus Elbroich », petit château du 17ème siècle, dans le quartier de Holthausen.

p. 127
« Haus Eller » appartenait aux Chevaliers d'Eller, l'une des plus anciennes familles margraves du Bas-Rhin. La tour du 15ème siècle, unique vestige, est aujourd'hui entourée de douves.

p. 128-131
En 1755, le Prince Electeur Carl Theodor a chargé l'architecte français Nicolas de Pigagede de construire le palais de « Benrath », de style rococo, et son grand parc. Devenu aujourd'hui l'un des lieux les plus visités de la Rhénanie, il abrite, entre autre, le Musée de l'Histoire des Jardins Européens (Museum für europäische Gartenkunst).

Español

Las fotos reunidas en este volumen muestran la combinación única del ambiente de un pueblo rural y de una gran ciudad de moda en la que no faltan ni parques y espacios naturales protegidos. Es lo que hace que Düsseldorf sea única y que sea la ciudad de Alemania con mayor calidad de vida. Es una ciudad mundialmente conocida cuya atmósfera de tradición, de innovación así como el río y la alegría renana enriquecen la vida cotidiana.

p. 10-11
El Ayuntamiento de Düsseldorf con la estatua del Príncipe Elector Jan Wellem a caballo.

p. 12-13
El monumento de bronce creado en 1988 por Bert Gerresheim ilustra los eventos importantes de la historia de la ciudad. Se encuentra en la parte noreste del patio del castillo.
El antiguo puerto, cerca del Ayuntamiento, con uno de sus « Aalschokker », barcos típicos de la navegación en el Rin, destinados a la pesca de las angulas.

p. 14-15
Las orillas del río Rin son uno de los paseos más bonitos de Alemania.

p. 16-17
Cada año desde 1993, el « rallye del Jazz » transforma Düsseldorf en la capital del Jazz.

p. 18-19
« S. Maximiliano », en el casco antiguo de la ciudad, es una de las iglesias más famosas de Düsseldorf.

p. 20
El monumento a Heinrich Heine concebido por el artista de Düsseldorf Bert Gerresheim.

p. 21
El instituto Heinrich Heine, en la Bilker Strasse, es el único museo del mundo dedicado a Heine, poeta y escritor nacido en Düsseldorf en 1797.

p. 22-23
La « Neanderkirche » (iglesia evangélica) en la Bolkerstrasse. Su órgano la convierte en un lugar importante para las manifestaciones musicales.

p. 24-25
La torre del castillo en la Burgplatz es uno de los emblemas de la capital. Alberga el museo de la navegación fluvial. Este lugar, con sus grandes escaleras que bajan hasta el río Rin, es un punto de encuentro habitual para gente de todas las edades.

p. 26-27
Al principio de la Bergerstrasse, en el centro de la ciudad, se encuentra el « Uerige », uno de los pubs más populares de Düsseldorf. Este pub tradicional es una de las últimas cuatro cervecerías que aún producen la « Altbier » en Düsseldorf.

p. 28-29
Una vez al año, durante el día japonés », el visitante puede sumirse en las tradiciones de Extremo Oriente. El día acaba con unos fuegos artificiales japoneses incomparables.

p. 30
La obra « Figura a orillas del mar » (1952) del pintor francés Nicolas de Staël forma parte de la colección de arte de la Renania del Norte Westphalie K20.

p. 31
La galería K20, en el casco antiguo de la ciudad, se especializa en las obras clásicas del siglo pasado y ocupa una posición eminente en el mundo del arte a nivel internacional.

p. 32-33
Desde el siglo 19, se considera la Academia de Arte de Düsseldorf, mandada construir en 1773 por el Príncipe Elector Carl Theodor, unos de los centros de formación más importantes de Europa.

p. 34-35
El carnaval de Düsseldorf es una manifestación que anima a toda la ciudad. Aclamado cada año por centenares de « Jecken », el « Rosenmontagszug » es el momento culminante de la fiesta.

p. 36-37
El « Kom(m)ödchen », en el casco antiguo de Düsseldorf, es uno de los « cabarets » político-literarios más famosos de Alemania.

p. 38-39
El museo Hetjens, que se encuentra cerca del antiguo puerto e el Palacio de Nesselrode, reune una colección única en el mundo que relata toda la historia de la alfarería desde sus principios hasta hoy en día cubriendo todas las culturas y épocas.

p. 40-41
En el corazón mismo de la ciudad, en unas columnas publicitarias, se pueden admirar unas esculturas humanas realistas del artista de Düsseldorf Christoph Pöggeler. Se les llama los « Santos-columnas ».

p. 42-43
La historia de « S. Lambertus » - la primera iglesia de Düsseldorf y uno de sus edificios más antiguos - se remonta a 1159.

p. 44-45
La iglesia de « S. Andreas » (acabada en 1629), en el casco antiguo, es uno de los edificios más interesantes del periodo que abarca desde finales del Renacimiento hasta principios de la época barroca. En el mausoleo se encuentra el sarcófago de estaño ornamentado del Príncipe Elector Jan Wellem, fallecido en 1716.

p. 46-47
El paseo del Rin con el primer rascacielos de Alemania con estructura metálica, actualmente sede de la compañía Vodafone.

p. 48-49
El edificio del gobierno regional fue construído según el modelo de un castillo de la época barroca. Sus múltiples alas cercan unos patios interiores.

p. 50-51
El parlamento de la Renania-Westphalie con su sala de asamblea circular.

p. 52-53
El « Neue Zollhof » (la nueva aduana) en el Medien Hafen.

p. 54
El « Medien Hafen » y la « Marina » vistos desde la torre de televisión.

p. 55
Construído por el arquitecto estadounidense Frank O. Gehry, el Centro de Artes y de los Medias del Rin se encuentra al principio del « Media Meile », en el puerto industrial.

p. 56-57
El monumento histórico « Antigua Maltería de la Cervecería Dortmunder Union Kronen ». Al lado, el « Colorium » y el « Roggendorf Haus » con sus « Flossies », figuras de plástico de la artista de Stuttgart, Rosalie.

p. 58
El estudio radiofónico regional de Alemania del Oeste Rundfunk en la Stromstraße

p. 59
La « Puerta de la Ciudad » es uno de los rascacielos más fascinantes de Düsseldorf. Su inquilino más famoso es la Cancillería de Renania del Norte Westphalie (servicio del primer ministro).

p. 60-61
Vista panorámica del Rin al anochecer.

p. 62
La gran escultura « Padre Rin y sus hijas », en el « Estanque del Emperador » (Kaiserteich) delante de la entrada de la antigua « Ständehaus » (sede del gobierno)

p. 63-65
El meseo de arte « K21 » está situado en el barrio de Friedrichstadt. Este edificio, uno de los más impresionantes de la región que alberga un museo, era la cámara alta del antiguo Parlamento de Prusia de Düsseldorf. El K21, cuya superficie es de unos 5300 m² alberga una amplia colección de obras de arte contemporáneo de primera calidad de Renania-Westphalie.

p. 66-67
Desde 1836 se organizan carreras de caballos en Düsseldorf. El premio anual « Henkel de Diane » en el hipódromo de Grafenberg es la carrera más importante del año en Düsseldorf.

p. 68-69
No sólo en Ascot se llevan vestidos y sombreros elegantes para las carreras de caballos. ¡También en Düsseldorf !

p. 70-71
El deporte siempre ha sido muy importante en Düsseldorf. Se practica el tenis, el hockey sobre hielo y el fútbol. Uno de los eventos deportivos más importantes es la copa del mundo de esquí de fondo que tiene lugar en las orillas del Rin.

p. 72
La cofradía « S. Sebastianus Düsseldorf », fundada en 1316, es una de las más importantes de la ciudad. Cada año en julio conmemora su fundación con la « Größte Kirmes am Rhein » (Feria en las orillas del Rin) con un desfile en Reitallee en Hofgarten.

p. 73
El « estanque redondo » del Hofgarten con la fuente « De gröne Jong » (El muchacho verde).

p. 74
Durante sus visitas en Düsseldorf, en 1774 y en 1792, Johann Wolfgang von Goethe se alojaba en casa del filósofo Friedrich Heinrich Jacobi.

p. 75
El Príncipe Elector Carl Theodor mandó construir el castillo « Jägerhof » (acabado en 1792) según los planes de Johann Joseph Couven y de Nicolas Pigage. Desde 1987 alberga el museo de Goethe con 35 000 objetos de su época.

p. 76
De noche, las 16 « columnas luminosas » imaginadas por el artista de Düsseldorf Stefan Sous sumergen en una luz mágica la doble alameda de tilos que se encuentra delante del castillo « Jägerhof ».

p. 77
Los pabellones de la « Ratinger Tor », construidos según los planes del arquitecto Adolph von Vagedes entre 1811 y 1815.

p. 78-79
« La Ópera alemana del Rin », una colaboración ya antigua entre las ciudades de Düsseldorf y de Duisburg, posee el más importante conjunto de Alemania y produce más de 40 óperas diferentes, comedias musicales, operetas y unos 10 ballets.

p. 80-81
En el edificio del museo histórico de « Ehrenhof » en el Hofgartenufer, el museo « Kunstpalast » presenta obras desde la Galería de arte de Jan Wellem hasta obras de arte moderno. También se organizan exposiciones temporales.

p. 82-83
Al norte del casco antiguo se alza el imponente conjunto de edificios de la « Tonhalle » y del « Ehrenhof », concebidos según los planes del arquitecto Wilhelm Kreis para la exposición GeSoLei 1925/1926. La estatua de bronce dorado de la « Pallas Athene », la patrona de las ciencias y de las artes, adorna la plataforma superior de la rotunda.

p. 84-85
La « Tonhalle », originalmente construida como planetarium, es en la actualidad una sala de conciertos y la « patria musical » de los « Düsseldorfer Symphoniker ».

p. 86-87
La « Iglesia de la Paz » (Friedenskirche) con la instalación de « Vías de Luz- Luz de Vías » iluminó la iglesia durante la « Larga Noche de los Museos 2008 ».

Después de la segunda guerra mundial, la « Rochuskirche » fue reconstruida en el barrio de Pempelfort como una rotonda con cúpula.

p. 88-89
El teatro en la plaza « Gustaf Gründgens », concebido por Bernhard Pfau, perpetúa la gran tradición del teatro en Düsseldorf. A poca distancia, la « Dreischeibenhaus » (el rascacielos de tres niveles), acabada en 1960, es unos de los edificios más famosos de Alemania.

p. 90-91
Cada año en primavera, el césped de los jardines del Rheinpark, que bordean la Cecilienallee, se transforman en una „cinta azul" de 2,5 kilómetros de largo, gracias a 6,5 millones de crocos azules.

p. 92
El « Kö-Graben » con la fuente de la época neobarroca, « El grupo de Tritones » está alimentado por la Düssel.

p. 93
Desde 1985, el anual « Paseo de los Libros » (Bücherbummel) transforma la « Königsallee » en la librería al aire libre más grande de Alemania.

p. 94-95
La Königsallee en Düsseldorf es sinónimo de moda, lujo, calidad de vida y éxito. La « Kö-Galerie », construida en 1986 es uno de los centros comerciales más famosos del mundo.

p. 96-97
En la « Grünstrasse » (a la izquierda) se encuentra el « stilwerk », un gran almacén de diseño para la decoración de alta calidad y de accesorios « lifestyle ». El edificio « Sevens », que fue premiado por su arquitectura, es uno de los más bonitos « malls » de la Königsallee (a la derecha).

p. 98-99
Una de las más grandes librerías de Europa se encuentra en el prolongamiento sur de la Königallee: el Stern-Verlag.

p. 100
Los Soportales Schadow, con más de 10 tiendas repartidas en dos niveles, constituyen el principio de la Schadowstrasse, una de las calles donde se obtiene el mayor volumen de negocios de Alemania.

p. 101
La « Plaza de la unidad alemana » con el « Segelbrunnen » del artista Heinz Mack.

p. 102
La casa « Wilhelm – Marx », construida en 1924, era, con sus 57 metros de altura y sus doce pisos, el primer rascacielos de Düsseldorf y unos de los primeros de Alemania.

p. 103
La « Plaza Bertha von Suttner » con sus esculturas de acero inoxidable del artista Horst Antes, está situada detrás de la estación central de Düsseldorf y está rodeada por un conjunto posmoderno de 1985.

p. 104-105
La feria es uno de los motores económicos de Düsseldorf. Durante los últimos decenios, se ha vuelto una de las más importantes, no sólo de Alemania sino también del mundo entero.
La « ESPRIT arena », creada en 2004, es un espacio polivalente qui se sustituye al « estadio del Rin » y dispone de unos 51500 asientos.

p. 106-107
Con cerca de 18 millones de pasajeros y unos 2000000 vuelos anuales, el aeropuerto de Düsseldorf es el tercero de Alemania

p. 108-109
Cada año, más de 500000 visitantes están fascinados por las casi 450 especies animales de los acuarios y terrarios del Aquazoo y del museo Löbbecke.
Inaugurado en 1975, el « jardín japonés del Rin », en el Nordpark es un regalo de unas compañías japonesas y de la comunidad japonesa de Düsseldorf a sus huéspedes.

p. 110-111
El Jardín Botánico de la universidad de Düsseldorf, con su invernadero coronado por un domo de unos 18 metros de altura. Delante de la biblioteca de Düsseldorf, la estatua de bronce, casi de tamaño real, de Heinrich Heine que dió su nombre a la universidad.

p. 112
Con sus ocho metros de altura y sus colores variados, los tres monstruos marinos llamados « Nessy », están hechos a partir de tubos de acero galvanizado, y sirven de sistema de ventilación para el alcantarillado de Düsseldorf.

p. 113
« La Zona Tiempo », concebida por Klaus Rinke, un escultor y profesor de Arte de la Academia de Düsseldorf, fue construida con motivo de la exposición floral de 1987 « Bundesgartenschau ». La escultura se encuentra en el « Volksgarten » (Jardín del Pueblo) en Oberbilk.

p. 114 115
Vista de la Rheinkniebrücke, de Oberkassel y del puerto.

p. 116-117
Oberkassel, en la orilla izquierda del Rin, con sus edificios históricos, es hoy en día uno de los barrios más elegantes de la ciudad.

p. 118-119
Desde 1901, la quermese a orillas del Rin se organiza en la pradera de Oberkassel, « Rheinwiese », situada enfrente del casco antiguo, en la otra orilla del río. Cada año en julio, unos 4 millones de visitantes participan a esta gran fiesta, una de las más populares de Alemania.

p. 120-121
Desde 1088, la casa EKO de la asociación cultural de Japón reúne en Niederkassel un centro cultural, un templo budista y una casa japonesa construida en el siglo 19 y rodeada de jardines japoneses.

p. 122-123
La iglesia de la parroquia de « St. Remigius » en Wittlaer (arriba a la izquierda) con obras de arte de los años veinte y treinta.
El castillo « Heltorf » (abajo a la izquierda) construido en Angermund a finales del siglo 17 aún pertenece hoy en día al conde de Spee.
Del castillo barroco sólo queda el castillete construido a principios del siglo 19.
El castillo « Kalkum » (a la derecha) construido en el siglo 17 fue renovado en el siglo 19 por sus antiguos propietarios los condes de Hatzfeld.

p. 124
Las ruinas del palacio construido en 1174 por Federico Barbaroja en Kaiserswerth es uno de los monumentos más importantes de Düsseldorf. Otros lugares de interés son la plaza de la iglesia con sus magníficas casa antiguas así como la Basílica salia de Suitbertus, de la segunda mitad del siglo 11, que alberga el valioso relicario de San Suitpertus.

p. 125
Tabla de bronce creada por el escultor Bert Gerresheim en el lado este de la Basílica Subertus, en memoria del Jesuita Friedrich Spee, uno de los poetas barrocos más eminentes de Alemania que luchó contra la persecución de las brujas.

p. 126
La iglesia parroquial de « St. Margareta » fue constuida en el siglo 13 en Gerresheim. Es una de las iglesias más impresionantes y mejor conservadas del final de la época románica.

p. 126
« Haus Garath », castillo construido en el siglo 12.

p. 127
« Haus Elbroich », pequeño castillo de principios del siglo 17 m en el barrio de Holthausen.

p. 127
« Haus Eller » pertenecía a los Caballeros de Eller, una de las familias margraves más antiguas del Bajo-Rin. La torre del siglo 15, único vestigio, está rodeada hoy en día por unos fosos.

p. 128-131
En 1755, el Príncipe Elector Carl Theodor le mandó construir al arquitecto francés el palacio « Benrath », de estilo rococó, y su gran parque. Hoy en día es uno de los lugares más visitados de Renania y alberga, entre otras cosas, el

Museo de Historia de los Jardines Europeos (Museum für europäische Gartenkunst).

Русский Russisch

Многочисленные виды города, собранные в этом томе, отражают индивидуальное сочетание сельской поместной жизни нижнего Рейна со светской атмосферой большого города, окруженные парками и защищенными естественными природными пространствами. Они делают Дюссельдорф таким неповторимым и превращают его в город с высочайшим уровнем жизни. Это город мирового значения, где, сливаясь друг с другом, каждый день обогащают жизнь традиция, инновация и рейнская жизнерадостная натура.

10-11
Ратуша г. Дюссельдорф с конной статуей герцога Яна Веллема (Jan Wellem).

12-13
Важнейшие события в истории города отражает монумент из бронзы, посвященный возведению Дюссельдорфа в статус города, созданный в 1988 году Бертом Герресхаймом (Bert Gerresheim) и находящийся в северо-восточной части площади Бургплац (Burgplatz).
Старая гавань рядом с ратушей и типичное для рейнского судоходства рыболовное парусное судно «Аальшоккер» (Aalschokker).

14-15
Берег Рейна в «Старом городе» (Altstadt) - одна из красивейших прогулочных набережных в Германии.

16-17
С 1993 года «Джаз-Ралли» (джазовый фестиваль) превращает Дюссельдорф один раз в год в немецкую столицу джаза.

18-19
Одна из самых знаменитых и любимых церквей Дюссельдорфа- церковь Св. Максимилиана в «Старом городе» (Altstadt).

20
Памятник Генриху Гейне рук дюссельдорфского скульптора Берта Герресхайма (Bert Gerresheim).

21
Институт Генриха Гейне на улице Бильке рштр.(Bilkerstrasse) -единственный в мире музей поэта, рожденного в 1797 году в Дюссельдорфе.

22-23
Евангелическая церковь Неандеркирхе (Neanderkirche) на улице Болькерштр.(Bolkerstrasse). Благодаря ее знаменитому органу церковь является важным местом проведения музыкальных мероприятий.

24-25
Дворцовая башня на площади Бургплац (Burgplatz)- один из символов столицы, в котором сегодня располагается музей судоходства. Площадь с широкой лестницей, ведущей к берегу Рейна- любимое место встреч для молодых и для старшего поколения.

26-27
В центре «Старого города» (Altstadt), там где берет начало улица Бергерштр.(Bergerstrasse), находится один из любимейших ресторанов в Дюссельдорфе - «Uerige„. Это традиционное заведение - одна из 4 самобытных пивоварен, которые по сей день варят в Дюссельдорфе сорт местного пива «Альтбир»(Altbier).

28-29
Один раз в год в «День Японии» посетители могут окунуться в восточно-азиатские традиции. Венцом дня становится несравненный японский фейерверк.

30
К фонду художественной галереи земли Северный Рейн-Вестфалии К20 принадлежит также произведение французского художника Николя дэ Стэля (Nicolas de Staël) «Фигура на морском побережье», созданная в 1952 году.

31
Коллекции музея К20 в «Старом городе» посвящены классикам прошлого столетия и занимают выдающееся место в интернациональном мире музеев.

32-33
Основанная в 1773 году герцогом Карлом Теодором Академия Искусств в Дюссельдорфе относится со времен 19 века к важнейшим учебным заведениям Европы.

34-35
Карнавал в Дюссельдорфе - это явление, которое захватывает весь город. Его апогеем является карнавальный понедельник с главным шествием (Rosenmontagszug), которым ежегодно восторгаются тысячи участников карнавала (так называемые «Jecken»- «Шуты»).

36-37
Ком(м)едьхен (Kom(m)ödchen) в «Старом городе» Дюссельдорфа -одно из знаменитейших литературных политических кабарэ (театр миниатюр и сатиры) в Германии.

38-39
Непосредственно рядом со Старой гаванью во дворце Нессельродэ (Nesselrode) находится Хетьенс-Музей (Hetjens-Museum) с единственной в своем роде и во всем мире коллекцией, которая представляет историю керамики всех культур и эпох, от ее истоков до современности.

40-41
В центре города можно обнаружить реалистические человеческие скульптуры дюссельдорфского художника Кристофа Пеггелера (Christoph Pöggeler), так называемые «святые на столбах», расположенные на тумбах для афиш и объявлений.

42-43
История Св. Ламберта, церкви покровителя Дюссельдорфа и одновременно одного из старейших строений города, берет начало в 1159 году.

44-45
Церковь Св. Андреаса в «Старом городе» (воздвигнута в 1629 году) относится к интереснейшим строениям конца эпохи немецкого возрождения и начала эпохи барокко. Пристроенное здание мавзолея хранит богато украшенную оловянную гробницу умершего в 1716 году герцога Яна Веллема.

46-47
Прогулочная набережная Рейна, на которой находится первое в Германии высотное здание, частью которого является несущая конструкция из металлических труб. Сегодня здание фирмы Водафон (Vodafone).

48-49
Здание правительства округа было воздвигнуто в 1907-1911 годах по архитектурному образцу многофлигельных дворцовых строений эпохи барокко, группирующихся вокруг внутренних двориков.

50-51
Здание Ландтага (правительства) земли Северный Рейн- Вестфалии с его круглым залом пленарных заседаний.

52-53
Новый Цольхоф(der Neue Zollhof) в квартале «Медиа-Гавань» (Medienhafen).

54
Вид с телевизионной башни на квартал «Медиа-Гавань» (Medienhafen) и на водный пейзаж.

55
«Центр искусств и средств массовой информации» в районе гавани на берегу Рейна, творение американского архитектора Франка О.Гери (Frank O.Gehry), находящийся в начале «Медиа-Аллеи» в так называемой бывшей «экономической гавани».

56-57
Находящаяся под охраной исторических памятников «Старая солодовая пивоварня» Дортмундского пивоваренного завода Кронен (Kronen); рядом - «Колориум»(Colorium), «Дом-Роггендорф»(Roggendorf-Haus), «Флосси» (Flossies)- скульптуры из синтетического материала рук художницы Розалии из Штутгарта.

58
Студия западно-германского канала радиовещания (WDR) на улице Штромштр.(Stromstrasse).

59
«Штадттор»(«городские ворота»)(Stadttor)- одно из самых захватывающих высотных зданий Дюссельдорфа. Самый знаменитый «жилец» этого здания - государственная канцелярия земли Северный Рейн- Вестфалии с офисом премьер-министра.

60-61
Кулиса Рейна в вечернем свете.

62
Скульптурная композиция «Отец Рейн и его дочери» на кайзерском пруду перед входом в бывшую резиденцию Штендехаус (Ständehaus).

63-65
Музей К21 в районе Фридрихштадт (Friedrichstadt), одно из впечатляющих музейных зданий региона, представляет обширную коллекцию значимых работ современного искусства земли Северный Рейн- Вестфалии, расположенной на 5300 м². Здание музея - это резиденция Штендехаус (Ständehaus) бывшего прусского ландтага (правительста) провинции Рейнланд (Rheinland) в Дюссельдорфе.

66-67
С 1836 года в Дюссельдорфе устраиваются конные бега. Бега на «Приз Дианы» концерна Хенкель(Henkel)- это ежегодное значимое событие на ипподроме в Графенберге (Grafenberg).

68-69
Не только в Эскоте, но и в Дюссельдорфе посетители являются на конные бега в стильном одеянии и в шляпах!

70-71
Спорту в Дюссельдорфе придается особо большое значение. Помимо тенниса, хоккея на льду и футбола, мировой кубок (FSI) по бегу на лыжах на длинные дистанции на прогулочной набережной Рейна относится к спортивным кульминационным событиям.

72
Одно из знаменитых сообществ -общество стрелков Св. Себастьяна в Дюссельдорфе, основанное в 1316 году, которое ежегодно в июле организует торжества с «самой большой ярмаркой» на Рейне. Один из кульминационных моментов - это парад на Раиталлее (Reitallee) в парке Хофгартен(Hofgarten).

73
«Круглый пруд» в парке Хофгартен(Hofgarten) и фонтан «De Gröne Jong» («Зеленый юноша»).

74
Бывший жилой дом философа Фридриха Генриха Якоби (Friedrich Heinrich Jacobi), в котором во время своих визитов в Дюссельдорф в 1774 и в 1792 годах гостил Иоганн Вольфганг фон Гете .

75
По воле герцога Карла Теодора в 1772 году был возведен замок Егерхоф (Jägerhof) по эскизам Иоганна Йозефа Куфена и Николя дэ Пигаж(Johann Joseph Couven, Nicolas de Pigage). С 1987 года в этом здании находится музей Гете с 35000 экспонатов времен поэта.

76
16 светящихся скамеек (инсталяции из трубкообразных ламп), созданные дюссельдорфским художником Штефаном Сусом (Stefan Sous), озаряют волшебным светом тополиную аллею, ведущую к замку Егерхоф (Jägerhof).

77
Павильоны «Ратингер Top» (Ratinger Tor), построенные с 1811 по 1816 годы по наброскам архитектора Адольфа фон Фагедеса (Adolph von Vagedes).

78-79
Немецкая Опера на Рейне (Deutsche Oper am Rhein), богатое традициями театральное сообщество городов Дюссельдорф и Дюсбург, имеет самую многочисленную труппу в Германии и ставит в каждом сезоне более 40 различных опер, мюзиклов, оперетт и около 10 балетных постановок.

80-81
В музейном здании Эренхоф (Ehrenhof), находящегося под охраной исторических памятников, расположенного на окраине парка Хофгартен (Hofgarten) на берегу Рейна, в Дворце Музее Искусств (Museum Kunst Palast) представлены произведения галереи Яна Веллема, искусство эпохи модернизма, а также специальные экспозиции.

82-83
К северу от «Старого города» на берегу Рейна возвышается примечательный архитектурный ансамбль из концертного зала Тонхалле (Tonhalle) и здания Эренхоф (Ehrenhof), который был построен по проекту архитектора Вильгельма Крайса (Wilhelm Kreis), по случаю «Выставки личной гигиены, социального обеспечения и физической культуры» (GeSoLei) в 1925/26 году. Верхнюю платформу круглого здания украшает позолоченная бронзовая статуя Афины Паллады, покровительницы наук и искусств.

84-85
Тонхалле (Tonhalle), построенный изначально как планетарий,- один из крайне впечатляющих концертных залов, а также «музыкальный домашний очаг» дла дюссельдорфского симфонического оркестра.

86-87
«Церковь мира» (Friedenskirche) (церковь евангелической общины) с инсталляцией «Пути света- путеводные огни», которая освещала помещение церкви в 2008 году по случаю ежегодно организуемой «Длинной ночи музеев».
Католическая церковь Рохускирхе (Rochuskirche) в квартале Пемрельфорт (Pempelfort) была восстановлена после второй мировой войны в виде современного строения с куполами.

88-89
Драматический театр (Schauspielhaus) на площади Густав-Грюндгенс-Плац (Gustaf-Gründgens-Platz), спроектированный Бернхардом Пфау (Bernhard Pfau), продолжает долгую театральную традицию Дюссельдорфа.
В 1960 году было завершено строение соседнего здания, так называемого «Трехдискового Дома», одного из знаменитых высотных строений федеративной республики.

90-91
Каждый год весной 6,5 миллионов голубых крокусов превращают газоны Рейнпарка вдоль Сесилиен аллеи в „ синюю ленту" длиной 2,5 км.

92
Река Дюссель (Düssel) питает водой Ке-канал (канал на Кенигсаллее-Königsallee) и снабжает водой фонтан Тритона (стиль необарокко).

93
С 1985 года ежегодно организуется «книжный променад», благодаря которому Кенигсаллея (Königsallee) превращается в самый большой в Германии книжный магазин на открытом воздухе.

94-95
Кенигсаллея (Königsallee) города Дюссельдорф олицетворяет моду, роскошь, качество жизни и экономический успех. Один из самых знаменитых и эксклюзивных торговых центров во всем мире- это Ке-Галерея (Kö-Galerie), построенная в 1986 году.

96-97
Эксклюзивный торговый центр по продаже модных высококачественных предметов обстановки и life-style-аксэссуаров- это центр «Штильверк» (Stilwerk) по улице Грюнштр. (Grünstrasse) (фото слева)
«Сэвенс» (Sevens) (фото слева), премированный за архитектурную форму строения, принадлежит также к красивейшим торговым центрам на Кенигсаллее (Königsallee).

98-99
Один из самых больших книжных магазинов Европы - книжный дом и издательство «Штерн-Ферлаг» (Stern-Verlag), располагающийся к югу от Кенигсаллеи (Königsallee) на улице, являющейся ее продолжением.

100
Торговый центр «Шадов-Аркады» (Schadow Arkaden), насчитывающий более чем 70 магазинов, расположенных на 2 этажах, отмечает начало улицы Шадовштр. (Schadowstrasse), одной из самых доходных улиц Германии.

101
Площадь Объединения Германии с фонтаном в форме парусов, сотворенного художником Хайнцем Маком (Heinz Mack).

102
Здание Вильгельм-Маркс-Хаус (Wilhelm-Marx-Haus), постройки 1924 года, высотой в 57 метров с 12 надземными этажами, являлось после завершения его строительства первым высотным зданием Дюссельдорфа и одним из первых высотных зданий в Германии.

103
Площадь Берта -фон -Сутнер Плац (Bertha-von-Suttner-Platz), украшенная скульптурными композициями из высококачественной стали, произведениями

скульптора Хорста Антеса (Horst Antes), располагается у оборотной стороны здания главного вокзала Дюссельдорфа и застроена постмодернистскими зданиями, возведенными в 1985 году.

104-105
Торговая выставочная ярмарка- один из экономических двигателей столицы, который позволил Дюссельдорфу в последние десятилетия стать одним из ведущих выставочнх центров не только в Германии, но и во всем мире.
Рядом с территорией торгового выставочного комплекса в 2004 году была воздвигнута арена ESPRIT многофункциональная арена, которая занимает место бывшего рейнского стадиона и имеет в своем распоряжении более 51500 сидячих мест.

106-107
Интернациональный аэропорт г. Дюссельдорфа третий по величине в Германии, насчитывающий около 18 миллионов пассажиров и 200000 маршрутов полетов.

108-109
Более чем 500000 посетителей ежегодно радуются увидеть захватывающее зрелище из около 450 видов животных в аквариумах и террариях в Аквазоо и музее Леббеке(Aquazoo-Löbbecke Museum).
«Японский сад на Рейне» в Северном парке (Nordpark), торжественно открытый в 1975 году, является подарком хозяевам города от японских фирм и японской общины в Дюссельдорфе.

110-111
Ботанический сад университета Дюссельдорфа с куполообразной 18-тиметровой оранжереей.
Перед университетской библиотекой бронзовая статуя Генриха Гейне, приблизительно в натуральную величину, напоминает о человеке, чьим именем назван университет.

112
Три многоцветные восьмиметровые скульптуры, называемые «Несси», сконструированные из оцинкованных стальных труб, служат для вентиляции канальной системы Дюссельдорфа.

113
«Поле часов» скульптора и профессора Академии Дюссельдорфа Клауса Ринке(Klaus Rinke) было сооружено на краю парка Фольксгартен (Volksgarten) в 1987 году по случаю проведения государственной садоводчесой выставки.

114-115
Вид на Оберкассель(Oberkassel)и гавань с моста Рейнкниебрюке (Rheinkniebrücke).

116-117
Оберкассель(Oberkassel), на левом берегу Рейна, с его историческими строениями относится сегодня к самым элегантным жилым кварталам города.

118-119
На прибрежном лугу Рейна в Оберкасселе (Oberkassel), расположенном напротив «Старого города», с 1901 года в июле проводится самая большая ярмарка(Kirmes) на Рейне, которая относится к наиболее посещаемым народным гуляньям в Германии, с учетом 4 миллионов гостей ежегодно.

120-121
С ЕКО-Центром общества японской культуры в 1988 году в Нидеркасселе (Niederkassel) был создан центр культуры с буддийским храмом и традиционным жилым домом японии 19 века, территория которых обрамлена японским садом.

122-123
Приходская церковь Св. Ремигиуса в Виттлаер (Wittlaer)(верх слева) с работами современных художников 20-30х годов. Замок Хелторф (Heltorf) в Ангермунде (Angermund) (низ слева) был воздвигнут в конце 17 века и находится по сей день во владении гафа фон Шпее (von Spee). От сооружений в стиле барокко сохранилась только фронтальная часть крепости, господский дом был построен в начале 19 века. Замок Калькум (Kalkum)(фото справа) в его первоначальном виде уходит корнями в 17 век. Благодаря его тогдашним владельцам графам фон Хатцфельд(Hatzfeld) замок приобрел в 19 веке его сегодняшние очертания.

124
Руины кайзера Фридриха Барбароссы, дворец-бастион воздвигнутый с 1174 года в Кайзерсверте (Kaiserswerth), представляют один из важнейших памятников архитектуры Дюссельдорфа. Достопримечательными являются кроме того Штифтсплац (Stiftsplatz)(церковная площадь бывшего монастыря) с его особой атмосферой и старинными домами; а также базилика Св. Суитбертуса, залийская базилика позднероманской эпохи второй половины 11 века, хранящая ценный алтарь с мощами Св. Суитбертуса.

125
Бронзовая мемориальная доска-эпитафия скульптора Берта Герресхайма (Bert Gerresheim) у восточной стены базилики Св.Суитбертуса напоминает о иезуитском священнике Фридрихе Шрее(Friedrich Spee), одном из значимых немецких поэтов эпохи барокко и борце против гонений на ведьм.

126
В 13 веке в Герресхайме (Gerresheim) была возведена церковь, ныне приходская церковь Св. Маргариты, одно из самых впечатляющих и хорошо сохранившихся церковных зданий рейнской позднероманской эпохи.

126
Резиденция (замок) Хаус Гарат (Haus Garath)происходит от средневекового рыцарского владения 12 века.

127
В районе Хольтхаузен (Holthausen) находится бывшее рыцарское владение

начала 17 века - Хаус Эльброих (Haus Elbroich).

127
Резиденция (замок) Хаус Эллер (Haus Eller) находился изначально во владении рыцарей фон Эллер, одного из старейших рейнских родов поместных графов. От крепости с водными рубежами 15 века до сегодняшнего дня сохранилась одна крепостная башня.

128-131
По велению герцога Карла Теодора с 1755 года было начато возведение Замка Бенрат (Benrath) в стиле рококо с его обширными парками и садами, творениями французского архитектора Николя де Пигаж (Nicolas de Pigage). В своем художественном единстве замок и парк являются в настоящее время одним из излюбленных мест для прогулок и содержат музей европейского садовопаркового искусства.

日本語 Japanisch

この本に集められた写真は田舎の村の雰囲気と、公園と保護された自然空間がふんだんにある人気の大都市との独自な組み合わせを表現している。デュッセルドルフがユニークなのはこの点であり、そのためにドイツの都市で最も生活の質が高い。世界的に知られ、伝統と革新の雰囲気があり、ライン河とラインラントの陽気さにより日常生活が豊かなものとなっている。

10-11
選帝侯ヤン・ヴェレムの騎馬像があるデュッセルドルフ市役所

12-13
1988年にバート・ゲレッシャイムが作った青銅のモニュメントは市の歴史上の重要事件を表現しており、城の内庭の北東部分にある。市役所の土手に近い旧港にはライン河のウナギ漁に使われた典型的な船「アールショッカー」がある。

14-15
ライン河畔はドイツの最も美しい散歩道の一つ

16-17
1993年から、毎年「ジャズラリー」によりデュッセルドルフはジャズの都となっている

18-19
旧市街にある「聖マクシミリアン教会」はデュッセルドルフで最も有名な人気の教会の一つ。

20
デュッセルドルフの芸術家バート・ゲレスハイムによるハインリッヒ・ハイネのモニュメント

21
ビルカー通りのハインリッヒ・ハイネ・インスティテュートは1797年にデュッセルドルフ生まれた詩人・作家ハイネに捧げられた世界に一つしかない記念館である。

22-23
「福音教会」はボルカー通りにあり、素晴らしいオルガンにより重要な音楽会場となっている。

24-25
ブルク広場にある城の塔は町を代表する建築物である。河川航行博物館が内部にある。ライン川に向かって降りられる大きな階段は老若男女の待ち合わせ場所になっている。

26-27
旧市街のベルガー通りの入口にデュッセルドルフで最も人気のあるパブの一つ「ウエリゲ」があります。この伝統的なパブはデュッセルドルフで今なお「古ビール」を醸造している四つの醸造場の一つです。

28-29
年に一回「日本の日」（ジュール・ジャポネ）があり、極東の国、日本の伝統にふれることができます。そのハイライトは比類ない日本花火の打ち上げです。

30
北ウエストファリアK20のラインラント芸術コレクションにはフランスの画家ニコラ・ドゥ・スタールによる「海辺のフィギュール」（1952年）が入っています。

31
旧市街にあるK20ギャラリーは20世紀の有力作品を扱っており、美術分野において国際的に高く評価されています。

32-33
選帝侯カール・テオドールが1773年に創設したデュッセルドルフ芸術アカデミーは19世紀以来、ヨーロッパの最も優れた美術学校の一つに数えられています。

34-35
デュッセルドルフの謝肉祭は街全体を挙げて行われます。数万人の見物客「イェッケン」が喝采する「ロゼンモンタークスツーク」はそのハイライトです。

36-37
デュッセルドルフの旧市街にある「コメッチェン」はドイツで最も有名な政治・文学「キャバレー」の一つである。

38-39
ヘチェンス美術館は旧港に近いネーセルローデ宮殿にあり、陶器の誕生から現在までの歴史をたどり、あらゆる文化圏と時代の作品を集めた世界に類のないコレクションを展示しています。

40-41
中心街の広告塔にはデュッセルドルフ生まれのクリストフ・ペグラーが作った人間をかたどった彫刻があり、「塔の聖人たち」と呼ばれている。

42-43
デュッセルドルフの最古の教会であり建造物としても最も古いものの一つである「聖ランベルトゥス」教会の歴史

44-45
1629年に完成された聖アンドレアス教会は旧市街にあり、ルネッサンス末期とバロック初期との間の時代で最も興味深い建物の一つです。霊廟には1716年に亡くなった選帝侯ヤン・ヴェレムの飾り立てられた錫の棺があります。

46-47
ライン河畔の散歩道にはドイツでは初めての鉄の管で作られた高層ビルがあり、現在ヴォダフォーン社の本社となっています。

48-49
州政府の建物はバロック時代の城をモデルにしています。内庭を数多くの翼が取り囲む形になっています。

50-51
ラインラント・ウエストファリア州議会の円形の会議場

52-53
メディアンハーフェンにある新税関

54
テレビ塔から見た「メディアンハーフェン」と「マリーナ」

55
アメリカの建築家フランク・O・ゲリーが設計したライン港芸術メディアセンターはかつての商業港にある「メディア・マイレ」の入口にあります。

56-57
歴史的建造物に指定されている「ドルトムント・クローネン醸造所ユニオン旧製麦工場」。その横には「コロニオム」と「ロッゲンフォルフ・ハウス」がありシュトットガルトのアーティストであるロザリーによる「フロジーズ」という造形美術品がある。

58
シュトルム通りにある東ドイツ放送局の地方スタジオ

59
デュッセルドルフで最も魅力的な高層ビルの一つである「ポルト・ドゥ・ラ・ヴィル（フランス語で「都市の門」）。北ウエストファリアのラインラント州政府がその一部を借りている。

60-61
黄昏のライン河のパノラマ風景

62
旧政庁「シュタンデハウス」の入口前にある「皇帝の沼」（レタン・ドゥ・ランペルール）にある巨大な彫刻「父なるラインとその娘たち」

63-65
「K21」美術館はフリードリッヒシュタット地区にある。美術館のある建物は州で最も印象深い建造物の一つであり、元はデュッセルドルフのプロシア上院議会だった。K21は5300平方メートルの広さがあり、ラインラント・ウエストファリア州の最も優れた現代美術品のコレクションをおさめている。

66-67
デュッセルドルフでの競馬は1836年以来続いている。毎年一回グラーフェンベルク競馬場で開かれる「ディアーヌ・ヘンケル賞」がデュッセルドルフで開催される最も重要な競馬である。

68-69
競馬場で優雅なドレスや帽子が見られるのはアスコットだけではない。デュッセルドルフも同じだ。

70-71
デュッセルドルフではスポーツは常に盛んだった。テニス、ホッケーとサッカーが盛んだ。ライン河畔で競われる歩くスキーのワールドカップは最も重要なスポーツイヴェントとなっている。

72
「聖セバスチャン・デュッセルドルフ」信心会は1316年に創設された市内で最も重要な信心会の一つである。その創設を祝うために毎年7月に、ホーフガルテンのライトアレでパレードが行われる「ライン河畔縁日」（「ライン大ケルメス」）が開かれている。

73
「緑の少年」という噴水のあるホーフガルテンの「レタン・ロン（丸い沼）」

74
ゲーテが1774年と1792年にデュッセルドルフに滞在に際して逗留した哲学者フリードリッヒ・ハインリッヒ・ヤコービの家

75
選帝侯カール・テオドールはヨハン・ヨーゼフ・コーヴェンとニコラス・ピパージュのデッサンにより「イェーガーホーフ」城を建築させた。（1792年完成）1987年からはゲーテの時代の3万5千点のオブジェのあるゲーテ博物館となっている。

76
「イェーガーホーフ」城の前にある菩提樹の並木は夜になるとデュッセルドルフのアーティスト、ステファン・ズースが考案した16の「光の円柱」による幻想的な光に包まれる。

77
1811年と1815年の間に建築家アドルフ・フォン・ヴァガーデスの設計により建設された「ラティンガー・トーア」の館

78-79
デュッセルドルフとデュイスブルクの二都市が古くから共同して運営している「ドイツラインオペラ」はドイツでも最大規模を誇り、40本以上のオペラに加え、ミュージカル、オペレッタ、さらにバレエ約10本を上演している。

80-81
ホーフガルテンウーファーの「エーレンホーフ」歴史博物館の建物にある「クンストパラスト美術館」ではヤン・ヴェレムの美術ギャラリーから現代芸術までを展示しており、特別展も開催される。

82-83
旧市街北部には1925・26年に開催されたGeSoLei展覧会の際に建築家ヴィルヘルム・クライスの設計により建てられた「トンハレ」と「エーレンホーフ」という重厚な建築群がそびえている。科学と芸術の守護神である「パラス・アテネ」の金箔のブロンズ像が円形建物（ロトンド）の平屋根上部を飾っている。

84-85
「トンハレ」は当初プラネタリウムとして作られた。デュッセルドルフ交響楽団の拠点であり、きわめて印象的な演奏会場である。

86-87
„光の道"のある「平和教会」（フリーデンスキルヒェ）。「光の道」は「美術館の長い夜2008年」の機会に教会を照らし出した。第二次大戦後、「ロッシュース教会」はポンペルフォート地区に丸天井の円形屋根の形で再建された。

88-89
ベルンハルト・プファウが設計した「ギュスターフ・グリュンドジェンス」広場にある劇場はデュッセルドルフの優れた演劇上演の伝統を保持している。すぐ近くにある1960年に完成した「ドライシャイベンハウス」（「3層の高層ビル」）

はドイツで最も有名な高層建築の一つである。

90-91
毎年春になると、チェチェーリエン・アレー（並木通り）沿いのラインパークの芝生は、長さ2.5キロメートルにわたり650万本の青クロッカスが織り成す「青いリボン」となります。

92
ネオ・バロック様式の噴水「トリトン群像」がある「コー・ブラーベン」。この噴水はデュッセル川の水を利用している。

93
1985年から年に一回「ケーニヒスアレ」で開催されている「書籍プロムナード」はドイツで最大規模の青空書店である。

94-95
デュッセルドルフのケーニヒスアレ通りはモード、デラックス、高水準の生活、成功の代名詞となっている。1986年に建設された「コー・ギャラリー」は世界で最も有名なショッピングセンターの一つである。

96-97
「グリュント通り」（左側）には高級装飾と「ライヴスタイル」のアクセサリーのためのデザイン専門デパート「スティルヴェルク」がある。優秀建築賞を受賞した「セヴンズ」はケーニヒスアレ通りの最も美しい建物の一つである。（右側）

98-99
ケーニヒスアレ通りの南の延長部分にある「ステルン書籍店」はヨーロッパで最も大きな書店の一つである。

100
シャドー通りの入口にあるシャドー・アーケードは2層にわたり70店舗が入っており、ドイツ国内で最も売り上げの多い通りの一つである。

101
アーティスト、ハインツ・マックによる「セゲルブリュンネン」がある「ドイツ統一広場」

102
1924年に作られた「メゾン・ヴィルヘルム・マルクス」は高さ57メートルの12階建てで、デュッセルドルフ最初の高層ビルであり、ドイツでも最も古い高層ビルの一つである。

103
アーティスト、ホルスト・アンテスによる非酸化鉄の彫刻がある「ベルタ・ヴォン・シュットナー広場」はデュッセルドルフ中央駅の裏手にあり、1985年見直のポストモダン建築群に取り囲まれている。

104-105
見本市はデュッセルドルフの経済推進力の一つである。数10年前から、デュッセルドルフ見本市はドイツのみならず、世界でも最も大きな見本市となっている。
2004年に建設されたLTUアレーナはラインスタジアムに代わる多目的施設で5万1500人を収容する。

106-107
年間20万便、約1800万人の利用客があるデュッセルドルフ空港はドイツ第3の空港である。

108-109
水中動物園とレベッケ博物館の水族館と動物飼育場には450種近い動物がおり、毎年50万人近い観客を集めている。
1975年に開演したノルトパークにある「ライン日本庭園」はデュッセルドルフの日本企業と日本人コミュニティーからデュッセルドルフ市に寄付された。

110-111
高さ18メートルの丸屋根付きの温室のあるデュッセルドルフ大学の植物園。大学図書館の前にはほぼ実物大のハインリッヒ・ハイネのブロンズ像がある。大学にはハイネの名前が冠されている。

112
「ネッシー」と呼ばれる高さ8メートルのヴァラエティに富んだ色の3つの器械は鉄製のチューブからできており、デュッセルドルフの下水道の換気に使用されている。

113
デュッセルドルフの芸術アカデミー教授の彫刻家クラウス・リンケの作品『ラ・ゾーヌ・タン（フランス語で「時のゾーン」）』は1987年の「ブンデスガルテンシャウ」花展示会に際して作られた。この彫刻はオベールビルクの「フォルクスガルテン」（民衆の庭）にある。

114-115
ラインクニーブリュッケ、オーバーカッセル、港の風景

116-117
ライン左岸にあるオーバーカッセルには歴史的な建物が並んでおり、現在市の最もエレガントな地区の一つとなっている。

118-119
1901年からライン河畔で最も規模の大きな縁日である「ラインヴィーゼ」が旧市街の正面、河の反対側にあるオーバーカッセルの野原で開かれている。毎年7月にドイツで最も人気のある縁日の一つであるこの催しに400万人が訪れている。

120-121
1988年以来、ニーダーカッセルの日本文化協会のメゾンEKOには文化センター、仏教寺院、日本庭園に取り囲まれた19世紀の日本家屋がある。

122-123
1920・30年代の美術品のあるヴィットラーの「聖レミギウス教区教会」（上左）
17世紀末にアウゲンムントに建てられたヘルトルファー城（下左）は今日もシュペー伯爵家の所有である。バロック時代から残っているのは堡塁だけである。館は19世紀初めに建造された。
「カルクム城」（右）は17世紀に建造され、19世紀に旧領主ハッツフェルト伯爵家により補修された。

124
1174年にカイザースヴェルトにフレデリック青髭王により建造され宮殿の跡はデュッセルドルフの最も重要なモニュメントの一つである。素晴らしい旧建築の残った教会広場、聖Suitbertusの貴重な遺品を保管している11世紀後半のサリ士族のSuitbertus大聖堂も興味深い。

125
彫刻家バート・ゲルシャイムによるブロンズのイエズス会士フリードリッヒ・シュペーを記念したプレートはSuitbertus大聖堂の脇にある。シュペーは魔女狩りと闘った、ドイツバロックの最も優れた詩人のひとりである。

126
「聖マルガレータ教区教会」は13世紀にゲルシャイムに建造された。ローマ時代末期の教会で最も印象を与え、かつ保存状態がよい。

126
12世紀の要塞「ハウス・ゲラート」

127
ホルトハウゼン地区にある17世紀の小さな城「ハウス　エルブロイッヒ」

127
下ライン地方の最も古い辺境伯の家系であるエラー騎士家の所有だった「ハウス・エラー」。堀に囲まれている15世紀の塔だけが今も残っている。

128-131
1755年選帝侯カール・テオドールはフランス人建築家ニコラ・ドゥ・ピガジェードにロココ様式の「ベンラート宮殿」と大公園の建造を依頼した。ヨーロッパ庭園史博物館の入っているこの宮殿はラインラントで最も訪問客の多い場所となっている。

中文　Chinesisch

这本书里所展示的图片，分别从各个角度展现并积累成了一个组合，使包容在公园和大自然里的，从东莱茵地区的农村景象到现代化大城市的气氛浑然一体。杜塞尔多夫是独一无二的德国生活质量最高城市。这是一个世界化的城市，而且它以传统、创新和莱茵的乐观来使那儿的生活更丰富。

10-11
杜塞尔多夫 的市政府和选帝侯 Jan Wellem 的骑手象.

12-13
城堡广场北边突出的大型铜雕塑是 Bert Gerresheim1988年为了纪念城市的重要史迹建的。
市政厅河岸的老港口和它在航运里典型的 „Aalschokker"。

14-15
老城区的莱茵河岸和它的水深表是德国最美的散步地方之一。

16-17
从1993 起，每年一次的Jazz-Rallye 把杜塞尔多夫 变成德国的爵士乐首都。

18-19
杜塞尔多夫 旧城区的教堂 „St. Maximilian" 是最有名和最受欢迎的教堂之一。

20
杜塞尔多夫 的艺术家Bert Gerresheim 所造的 Heinrich Heine 纪念碑。

21
Heinrich-Heine-Institut （学院）在Bilker 街里是世界唯一的为那位1797在杜塞尔多夫出生的文学家所创建的。

22-23
在Bolker街里的福音书的Neander教堂。因为有知名管风琴，它成为了音乐庆典的重要地方。

24-25
城堡广场上的皇宫塔是州首都的象征，塔里有船运博物馆。
从这个受老少欢迎的广场上可以通过宽阔的台阶走到莱茵河岸边。

26-27
在Berger街口、老城区的中心，有杜塞尔多夫最受欢迎的饭店：„Uerige"。这个传统悠久的饭店拥有本市四个仅存的私人酿酒房之一，它们在杜塞尔多夫自己制作啤酒。

28-29
每年，在 „日本天"来客可以浸入东亚洲的传统里去。那天的高峰是无以伦比的日本焰火。

30
Nordrhein-Westfalen 的艺术汇典 K20里也包括法国画家Nicolas de Staël 1952 完成的作品 „Figur am Meeresstrand"（海边形象）

31
旧城区的博物馆K20 收集上世纪的古典精品，并在世界的博物馆里占有了非凡的地位。

32-33
选帝侯Carl Theodor 于1773年 创办的杜塞尔多夫艺术学院是十九世纪以来欧洲最有名的教育机构之一。

34-35
宽环节在杜塞尔多夫是一个打动全城市的活动。高峰是每年有上万人观看的Rosenmontag（玫瑰星期一）游行。

36-37
杜塞尔多夫老城的Kom(m)ödchen是德国最知名的政治文学戏剧院之一。

38-39
拥有世界独特经典的Hetjens 博物馆地处Palais Nesselrode的老港口。它展示陶瓷的全部历史，从起始到现在，历经所有文化和时代。

40-41
市中心内，在很多广告柱上都能够看到杜塞尔多夫艺术家Christoph Pöggeler的真实人体雕塑，称为"柱子神圣人"。

42-43
杜塞尔多夫的母亲教堂St. Lambertus是城市里最古老的建筑之一，它兴建于1159。

44-45
老城区Sankt Andreas教堂（1629完工）是德国文艺复兴时代后期和巴罗克时代前期里最让人注意的建筑之一。被扩建的陵里是有丰富装饰的1716 年去世选帝侯 Jan Wellem的启恩棺材。

46-47
莱茵河岸边的德国第一个用钢铁支撑设计建造的大厦，今天是Vodafone 的总行。

48-49
区政府建筑是在1907到1911年用多数侧亭，围着内院的宫廷建筑造型所完成的。

50-51
Nordrhein-Westfalen 州的州议会和它的圆形大厅。

52-53
新的Zollhof在MedienHafen（媒体港）。

54
从电视塔所看到的 MedienHafen 和 Marina.

55
美国设计师Frank O. Gehry所建的 Kunst- und „Medienzentrum Rheinhafen"（莱因港

艺术和媒体中心）MedienMeile 街头是 以前的经济港口。

56-57
Dortmund的 Union Kronen酿酒房的文物保护品 „Alte Mälzerei", 在它旁边 „Colorium", „Roggendorf-Haus" 和斯图加特 的女艺术家 Rosalie 的塑料雕塑 „Flossies"。

58
西德电台的联邦州所在地在Strom街。

59
„城门"是杜塞尔多夫 大厦里最吸引人的建筑之一，租用方是知名的Nordrhein-Westfalen州的国家总理局包括州长的办公室。

60-61
莱茵河夜景。

62
Kaiserteich湖旁、以前的会议厅门前的大型雕塑 „Vater Rhein und seine Töchter"（莱茵河父亲和他的女儿们）。

63-65
Friedrichstadt的博物馆K21是这一带最气势的博物馆建筑之一， 它在5300平方米的面积上展示Nordrhein-Westfalen州的现代高级作品。 这个杜塞尔多夫的建筑是以前布鲁士州议会的会议厅。

66-67
从1836 年起，赛马会在杜塞尔多夫 举行。每年的高峰是在Grafenberg赛马场隆重的 „Henkel - Preis der Diana"。

68-69
不光在Ascot也在杜塞尔多夫, 观看赛马会的人们衣着讲究并喜欢戴帽子。

70-71
在杜塞尔多夫，体育有很高的地位。除了网球、冰球和足球，莱茵岸的滑雪世界杯FIS Ski-langlauf Weltcup也是体育高峰。

72
最有名的协会之一是杜塞尔多夫的 1316 年形成的St. Sebastianus射击协会。它每年过 „Größten Kirmes am Rhein"节。节的高峰之一是在宫殿花园里Reitallee的游行。

73
宫殿花园里的 „Runde Weiher" 和喷泉 „De Gröne Jong"。

74
哲学家Friedrich Heinrich Jacobi的老住宅里在1774年和1792 年之间曾经留宿过到杜塞尔多夫观光的歌德（Johann Wolfgang von Goethe）。

75
1772年，选帝侯Carl Theodor根据Johann Joseph Couven 和Nicolas de Pigage的设计建设了Jägerhof宫廷。从1987 年起，这里是歌德博物馆，并展示了3500件歌德时代的物品。

76
杜塞尔多夫的艺术家Stefan Sous 用16个灯光设备把Jägerhof 宫廷里的双行菩提树笼罩在迷人的光线里。

77
„Ratinger Tor"亭是根据建设家Adolph von Vagedes的设计在1811年和1815年之间完成的。

78-79
莱茵河旁的德国剧场是一个有传统的杜塞尔多夫和杜伊斯堡的戏剧联盟，有德国最大的戏剧团体。每个季节有40多个演出，包括：歌剧、音乐剧、舞剧和10 几个芭蕾舞。

80-81
Hofgartenufer（宫廷公园岸）的受文物保护的博物馆建筑kunst palast Werke, 展示了Jan Wellem的画展、现代艺术或其他特别展览。

82-83
在旧城区北边的莱茵河岸边是醒目的 Tonhalle 和Ehrenhof楼群。这是根据建筑师Wilhelm Kreis的计划为了纪念GeSoLei 1925/26展览建成的。
圆房上层的平台装饰是科学和艺术保护神 Pallas Athene的包金铜雕塑。

84-85
当初的天文馆Tonhalle现在成为了很有气势的音乐会大厅，是杜塞尔多夫交响乐队的音乐总部。

86-87
Friedenskirche（和平教堂）里面的的光线设计 „Lichtwege - Weglichter"是2008为每年的 „Langen Nacht der Museen"（博物馆长夜）而建的。
二战后, Pempelfort市区的基督教教堂Rochus-kirche重建了现代的圆屋顶。

88-89
Gustaf-Gründgens 广场上的、由Bernhard Pfau设计的戏剧院保持着杜塞尔多夫的戏剧传统。旁边的是德国最知名的高楼之一, 1960年完成的 „Dreischeiben-Haus"（三片房）。

90-91
每年春天, Rheinpark的草坪，沿着Cecilien-alle, 变成一条由蓝色藏红花组成的2.5公里长的 "蓝色彩带"。

92
Düssel河为Kö-沟里的巴罗克水上设计, Trito-nengruppe供水。

93
从1985 起，每年一次的图书展览让Königsal-lee大街变成德国最大的露天书店。

94-95
杜塞尔多夫的Königsallee大街代表着时尚、豪华、生命质量和经济成果。1986年建的Kö-Ga-lerie是世界最有名最高档购物中心。

96-97
Grünstraße（绿街）的 stilwerk可以满足高档家具和装饰品需求（见左图）。
因它的建筑形状而著名的Sevens也是Königs-allee里最美的购物中心（见右图）。

98-99
Königsallee 大街南边的Buchhaus Stern-Verlag书店是欧洲最大的书店之一。

100
Schadow街头的Schadow购物中心有70多家商店，并是德国销售量最高的购物中心之一。

101
德国团结广场和艺术家Heinz Mack的帆船泉。

102
1924年所建的57米高的、十二层Wilhelm-

Marx楼当初是杜塞尔多夫的第一个大厦，并是德国最初的高楼之一。

103
杜塞尔多夫总火车站后的Bertha-von-Suttner广场上的钢铁雕塑是艺术家Horst Antes所建的。1985年，它们被现代的建筑群包围了。

104-105
杜塞尔多夫的博览会中心是这个联盟州的经济发动机。几十年来，它使杜塞尔多夫成为世界上领先的博览馆中心之一。
旁边的2004年完成的LTU赛场是拥有51500多个座位的多用赛场，并代替了过去的莱茵赛场。

106-107
杜塞尔多夫国际机场有一千八百万乘客和200000个飞机起落。它是德国第三大机场。

108-109
水族动物园和Löbbecke博物馆里的450 种水里和陆上动物每年都吸引五十多万位顾客。
1975年完成的莱茵河畔日本花园 „Japanische Garten am Rhein"是由几个日本公司和杜塞尔多夫的日本居民赠送的。

110-111
杜塞尔多夫大学的植物园和它的18米高的圆形花窖。大学是以图书馆前的铜雕塑Heinrich Heine命名。

112
„Nesse"三个八米高的彩色镀锌钢铁管的雕塑是杜塞尔多夫运河网的排气系统。

113
雕塑家和杜塞尔多夫的教授Klaus Rinke为了纪念1987年的国家花木展览而建的 „Zeitfeld"。

114-115
从莱茵河桥可以看到Oberkassel城区和港口。

116-117
因为它的古老建筑材料，莱茵河左侧市区Oberkassel是城市里最高雅的住宅区。

118-119
从1901年起，每年六月份，在旧城区对面Oberkassel的莱茵河岸上举办的娱乐会有大概四百万来客，是德国娱乐会里来客最多的。

120-121
EKO-Haus是1988 年在Niederkassel 建的日本文化协会，并成为了拥有佛庙的文化中心。日本花园之间是十九世纪的圆形日本住宅。

122-123
Wittlaer市区的教区礼拜堂St. Remigius（左上侧）积累了二十年代和三十年代的当代作品。
Angermund的Heltorf宫廷（左下侧）是十七世纪建成的，它今日归于伯爵Spee。
这个巴洛克的设施之中，只有前塔保留了下来，主人房建于十九世纪初。
Kalkum（右侧）宫廷本是十七世纪建的，它今日的形状是十九世纪的宫廷主人Hatzfeld伯爵改建的。

124
国王Friedrich Barbarossa1174年在Kaiserswerth建的Pfalz的古迹，是杜塞尔多夫如今的最重要古典建筑之一。
热闹的Stiftsplatz广场，它的古老房群和十一世纪后半叶建的拥有宝贵的Suibertus骨灰盒的柱子大教堂都值得参观。

125
再Gerresheim 的Suitbertus大教堂东面有雕塑师Bert所刻的铜碑文。它是为了纪念耶稣教教父Friedrich Spee， 他也是一个反对清除巫婆运动的德国巴洛克文学家。

126
Gerresheim城区十三世纪建的教区礼拜堂St. Margareta是今日最壮观的、保留最完整的浪漫主义后期教堂之一。

126
Garath房是十二世纪建的中世纪骑士住处。

127
Holthausen市区的古老骑士住宅区Elbroich房是十七世纪建的。
房曾经归于莱茵河下流地区最古老的伯爵家族Eller骑士。十五世纪建的水城堡的宝塔至今保留了下来。

128-131
从1755年起，选帝侯Carl Theodor命令建设Benrath宫廷和它的大花园，宫廷的罗可可风格是法国建筑师Nicolas de Pigage所设计的。当今，整个宫廷和花园组成了欧洲花园艺术博物馆，并是莱茵河区最受欢迎的旅游地点之一。

STERN-VERLAG
Friedrichstr. 24-26 | 40217 Düsseldorf
0211 3881-0 | buchsv.de
e-mail@buchsv.de

In unserem Buchhaus und Antiquariat finden Sie mehr als 400.000 Bücher und neue Medien aller Gebiete, 3,2 Mio. Titel in unserem Online-Shop buchsv.de.